生きない経験、報われない努力にサヨウナラ

アジング・メバリング 超思考法

LEON 加来 匠

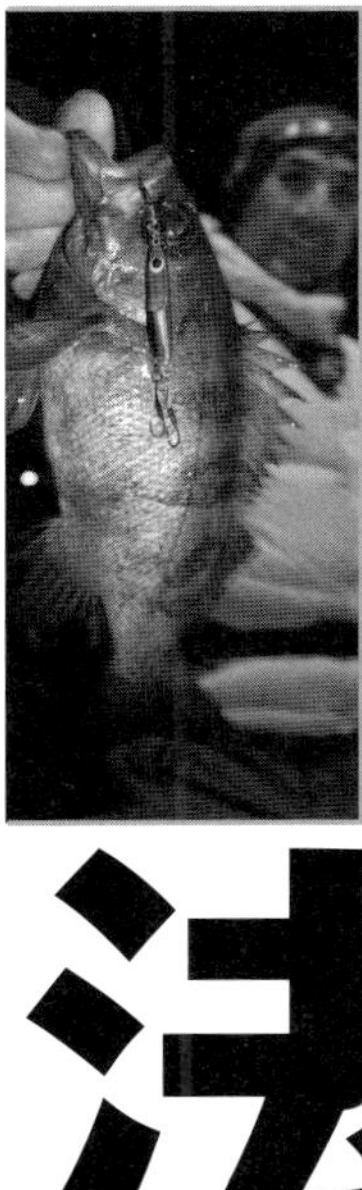

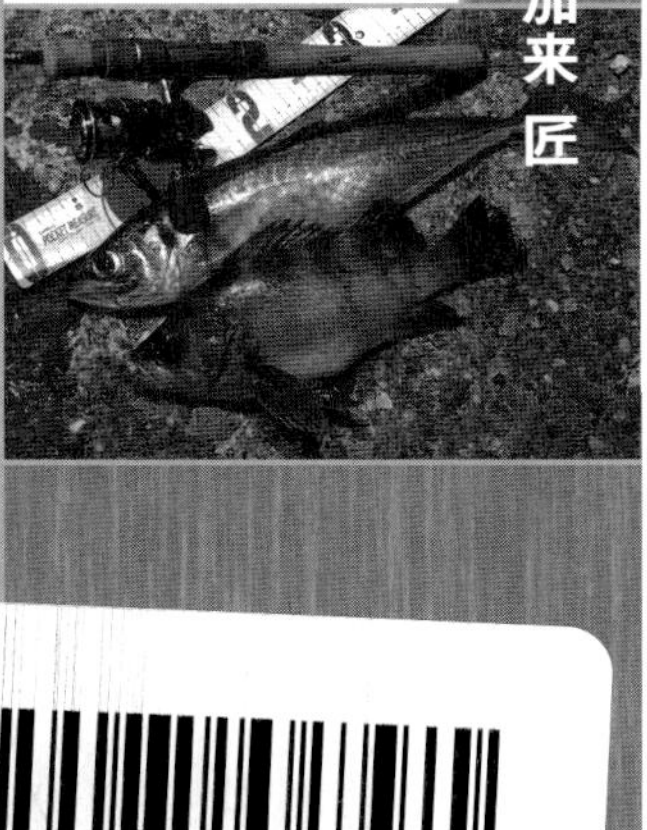

つり人社

はじめに

それは私が中学2年生の頃でした。地元新聞に随筆欄を持つ文筆家であり、また「キチ」がつく釣り好きでもあった父が何を思ったのかある日、突然私を書斎に呼びつけ、正座させて問いかけてきたことがありました。

「釣りは何を釣るのか分かるか。言ってみなさい」

突然の問い掛けと問答のような内容に戸惑い、返事に窮《きゅう》していると父は続けました。

「釣りは一見、魚を釣ることのように感じるが実は違う。釣りは自分探しの旅なのだ」

「今のお前には難しいかもしれないが、大人になれば必ず分かる日が来る」

「成長するにつれてその道は何本も現われる。どの道を行くかはお前次第なのだ」

父の話はそこで終わりました。

もう行きなさいと促されて父の書斎を出た私がそのときに何を感じたのか、また父の話の正確な内容自体もすでに記憶から薄れていますが、この3行だけはずっと私の心に深く突き刺さったままなのです。

さて、皆さんにとって釣りとは何でしょうか。聞くまでもなく、誰もが楽しいから釣りにハマり、楽しいからこそ釣りを続けておられることでしょう。そこに小難しい理屈や哲学などは必要ないとも思います。しかし私自身は55歳を超えた辺りから、改めて釣りには哲学が必要であり、哲学があればこそ釣りがもっと楽しくなるということに気がつき始めたのです。

　哲学と言い切ってしまうとあまりにも茫洋《ぼうよう》として、また堅苦しくも聞こえますが、つまるところ釣りにおいて、「自分がどう在《あ》りたいか」「自分は何を求めているか」ということなのです。

　本書は今ひとつ思うような成果が上がらず、何らかの突破口を探しておられる方に、私なりの方法論や知恵をお伝えするものと踏まえて筆を進めて参ります。したがって、もっと釣れるようになるための具体的な原理原則や、現場での対応策などを自身の失敗談なども含めて解説はいたしますが、重要なことは些末《さまつ》な技術論ではなく、本当に大事なのは全体的な釣り思考法だと私は思うのです。なぜなら、「釣れない」「分からない」と嘆く方の多くは常に他人と己の釣果の差に支配され、実は釣り人としての成長に最も重要なロジックに気がつかれていないからです。

　それは父がかつて私に発した問いかけでもあり、また私が思うところの釣り哲学とも同義です。この「柱」がしっかりしていないと、どんな技術論を学んでもそれは上っ面だけ、小手先だけのものであって大事な基本は身につかず、自然の摂理が相手の現場では到底活かせないものです。

私が知る限りにおいて、ジャンルを問わず釣りの世界で名手や達人と呼ばれている方に共通しているのは、技術ではありません。総じて共通するのは鋭い洞察力と深い精神性なのです。技術というのは単なる道具に過ぎず、使える場面にあってこそ初めて機能するものなのです。

本書が、あなたが元来持つ知恵の扉を開くきっかけとなり、釣りをあなたの生涯の友として永く楽しめるよう、心から願う次第です。

CONTENTS

Ⅰ 「イマイチ釣れない人」に共通する4つの事柄

Ⅱ アジング、メバリングの「落とし穴」にハマらないために

Ⅲ ルアーはメソッドを実現させるためのアイテム

Ⅳ　上達のための超思考法

Ⅴ　超思考法最終章

イラスト　廣田雅之

Ⅰ

#「イマイチ釣れない人」に共通する4つの事柄

ポイント探しを情報に頼っている

おそらく釣れるようになるための最大の関門であり最大の落とし穴がここにあります。私が釣りを始めた50年前から現在に至るまで、よく釣る人に共通するのが「ポイント探しの上手い人」です。逆に釣れない人に共通するのは何かといえば、ポイントを常に人に尋ねたり、情報誌などを頼りにして自分では一切開拓をしない、する気のない人です。

これはつまり、自分で理論的に構築したポイントや釣法ではなく、単に情報頼みの「釣れる場所だから来た」にほかなりません。「なぜここで釣れるのか」「どうすれば釣れるのか」という一番重要なセンテンス（核心）を見いだす目がいつまで経っても養われていないのです。したがって1級ポイントで釣っていても次のようなことが起きます。

・釣れるはずの場所へ来たのに、みんな釣れていない。
・上手な人はたくさん釣れているのに、自分はあまり釣れない。
・同じルアーを結び、同じようにやっているのに釣れない。

情報頼みでもその時期の1級ポイントへ行けば、よく釣れることは当然あります。しかし問題は釣れないときです。そのときに、そこで釣れない理由・原因をどう捉えるかです。

釣り情報の一番の問題点は、それらはおおむね「釣れた」という「結果」で、決して今から釣れるという「予報」ではないということです。誤解を恐れずひどい言い方をすれば、「○○堤防で釣れた」という情報をあてにしてそのポイントへ向かうことは、すでに他人が釣ったカス場所を目差している可能性が高いのです。ターゲットが回遊型のアジの場合は「抜けた」ということもあるでしょうし、居着き性の強いメバルやカサゴやハタなどでは、釣り場の規模や生息密度によっては先行者に釣りきられていることを意味します。

私の場合、釣り情報はポイントを探り当てるための材料の1つとして捉えています。したがって情報の利用の仕方としては、より大きな枠から見て「シーズンになって○○海域に入ってきたな」「どうやら西のほうから始まっているな」などと広汎な読みに繋《つな》げていきます。もちろんこれらの読みの背景にはそれなりの経験値が必要ですが、少なくともここで理解して頂きたいのは、全くの初心者時代ならともかく、ある程度経験を重ねてきたのなら、釣り情報の裏を読んで釣れるポイントを探す努力をすべきだということです。

釣りは死ぬまで長く楽しめる希な趣味でもあります。今、このときに釣ることもとても大事ですが、長く楽しむためには早いうちからポイント探しの要諦をしっかりと身につけることです。それさえ出来れば情報を解釈する力が身につき、思わぬ場所での大釣りへと繋がっていくのです。

釣れない理由を自ら身に纏《まと》っている

次に、「上手な人はたくさん釣れているのに自分はあまり釣れない」や、「同じようにやっているのに釣れない」ということの要因にはおおむね3つの原因が考えられます。

・ターゲットの性質や食性が把握できていない。
・フィールドが理解できていない。
・リグやタックルやルアーの特性が理解できていない。

そして、これらに共通して釣れることを阻害しているのが、さまざまな思い込みです。たとえば「メバルは根魚だから底を釣るもの」「アジはソフトルアーで釣るもの」といった思い込みや、「リグは軽くないと食わない」「ルアーだから（金属やプラスチックだから）動かさないと食わない」などといったことです。

フィールドに関しても同様に、「ここは○○県だから、△△県とは違う」「この地域ではハードルアーでは釣れない」「ここは魚がスレている」など、さまざまな思い込みが見られます。釣れないアングラーというのは必ず自分が納得しやすい「釣れない理由」をいくつも持っているものなのです。

私は、これらに共通するのは意外にも情報が原因になっているとも思うのです。

まだインターネットもなかった時代、多くの釣り人はねらいの魚を釣るためにまずフィールドへトコトン足を運び、自分の目と耳と身体でフィールドやターゲットの何たるかを自然に覚えたものでした。

一方、現代では恐ろしいほど情報があふれています。パソコンやスマホをひとたび開けば、そこには無数の釣り情報が存在します。そして、「アジングはキャロリグがよい」「メバリングはジグ単のスローリトリーブ、ルアーは○○がよい」「△△メソッドが釣れる」などの、比較的理解しやすいワードで同じことが何十万回も繰り返され、日々目に飛び込んできます。つまり、自分が身体で覚えなくてもすでに目の前にあるこれらの情報が容赦《ようしゃ》なく意識に刷り込まれます。その結果が柔軟性のない思い込みへと繋がっていくのです。

ともあれ、釣れない理由の大部分は自身にあると思うべきです。決して情報やターゲットや道具のせいにしてはなりません。

私は今まで釣れない方に数々出会ってきましたが、多くの方に共通していたのが思い込みによる固着した概念でした。これは頭のよい悪いではありません。心の癖《くせ》なのです。私の知人に有名大学卒の医学博士がいます。当然素晴らしいＩＱの持ち主なのですが、なぜか釣りとなると頭が回らなくなるらしく、至極簡単なことが想像できずに的外れなことをしてしまう。そこでちょっとヒントを告げて後押ししてあげると、今度は一気に釣れるようになる……。

つまり、釣りにはある種特有の思考形態や物事の捉え方が必要であり、そこに気がつかなければ回路が繋がらないのだと思われます。このことについても別項で具体的な釣り思考（私の）を解説します。

事前の研究や練習の必要性が理解できていない

拙著『アジング・メバリングがある日突然上手くなる』や『ライトゲームアカデミー』（つり人社）でも同様なことを書いたと思うのですが、ルアーフィッシングというのは釣りの中でも少し特殊性のある遊びです。その歴史は存外に古く、漁具としては西暦１３００年頃のヨーロッパの資料も残っており、遊漁（スポーツフィッシング）としても西暦１８００年頃にはすでにイギリスで始まっていたようです。そしてルアーフィッシングが日本で広がりを見せた大きなきっかけは、やはり北米に端を発するバスフィッシングの台頭があげられます。

と、ここまで書いたところで、「歴史を学んで釣りが上手くなるか？」といぶかしむ方もおられるでしょうが、西洋文化であるルアーで釣りをする以上、ルアーフィッシングの何たるかを根本から知らなければ、ルアーが持つ本来の成果・釣果にはなかなか結びつかないのです。なぜならルアーフィッシングは、擬似餌に魚を食いつかせるための手段として大別すると２つの方法論で構築しているからです。

そのうちの１つ、「エサに似せたもので釣る」は誰もが認識し、ごく当たり前の前提でもあります。しかしこれは食性に訴えた釣り方で、ターゲットが腹を空かせていない限り通用しない釣り方でもあります。そしてもう1つの方法論としては「条件反射を利用する」ですが、ソルト・ライトゲームからルアーを始めた多くのアングラーにはこの概念が欠落しています。つまり理論として頭に入っていないのです。

ルアーには多くの種類が存在します。それらは前述した大まかな2つの方法論からなる枝葉に分かれ、また双方の機能を同時に備えたものもあります。そして同じ銘柄で同じ機能を搭載したルアーでも潜行深度などが小刻みに違うものや、同じロケーション（たとえばレンジ）で使用するものでもアクション（動き）が全く違うものなど、さらに細かく明確にカテゴライズがなされているのです。

これらのカテゴライズされたルアー1つ1つが持つ目的と意味を理解しなければ、アングラーは、よしんば釣れたとしても「なぜそのルアーで釣れたのか」という根本原理は、分からないままです。また違うシチュエーションで使用すると全く通用しないことも当然出てきます。

つまり、ルアーフィッシングでは使用するルアーの基本的性質を事前に学ぶ必要があるということです。トップウオータープラグとはなんぞや、ミノーとシャッドとクランクは何が違うのか……。また、ドッグウオークとスケーティング。ジャークとトゥイッチ。ド

ルアーにはそれぞれに目的と意味（基本的性質）が与えられていることを意識しよう

リフトとドラグ。リフト&フォールとボトムバンピングなど、これらの用語の本質も学ばねば、ルアーを使いこなしその本質を引き出すことは出来ません。

ゲームとしてのルアーフィッシングはあくまでも欧米で発祥・発達した遊びであり、ルアーの使い方から投入する場面を差す言葉まで、英語表現が日本でもそのまま使われています。それは、日本語に置き換えることがほぼ不可能であるというルアーフィッシングの特徴を表わしているともいえるでしょう。

釣れるようになるための手順が違う

さて、前項までで私は、「イマイチ思ったように釣れない」と嘆く方に大まかに共通するのは次の3つの事柄ですと申し上げました。

①ポイント探しを情報に頼っている。

②釣れない理由を自ら身に纏っている。

③事前の研究や練習の必要性が理解できていない。

しかし、実はこの順番自体すでに間違っています。そしてあえてこの順番で書いたことには明確な理由があります。それは実に多くの方が上手くなるための手順を間違えているからです。つまり、正しくは③→②→①の順番で勉強すべきであるのに、ほとんどの釣り人のケースを見てみると、順番が真逆の①→②→③になっているのです。

これはアジングやメバリングに限った話ではなく、釣りそのものを他のスポーツに置き換えて考えればすぐに理解できます。たとえばゴルフを始めるとします。当然道具が必要ですからゴルフショップで見繕ってもらい購入します。次に、店長に打ちっぱなしなどの練習場を教えてもらいます。しかし練習場へ行ってもすぐにまともに打てるものではあり

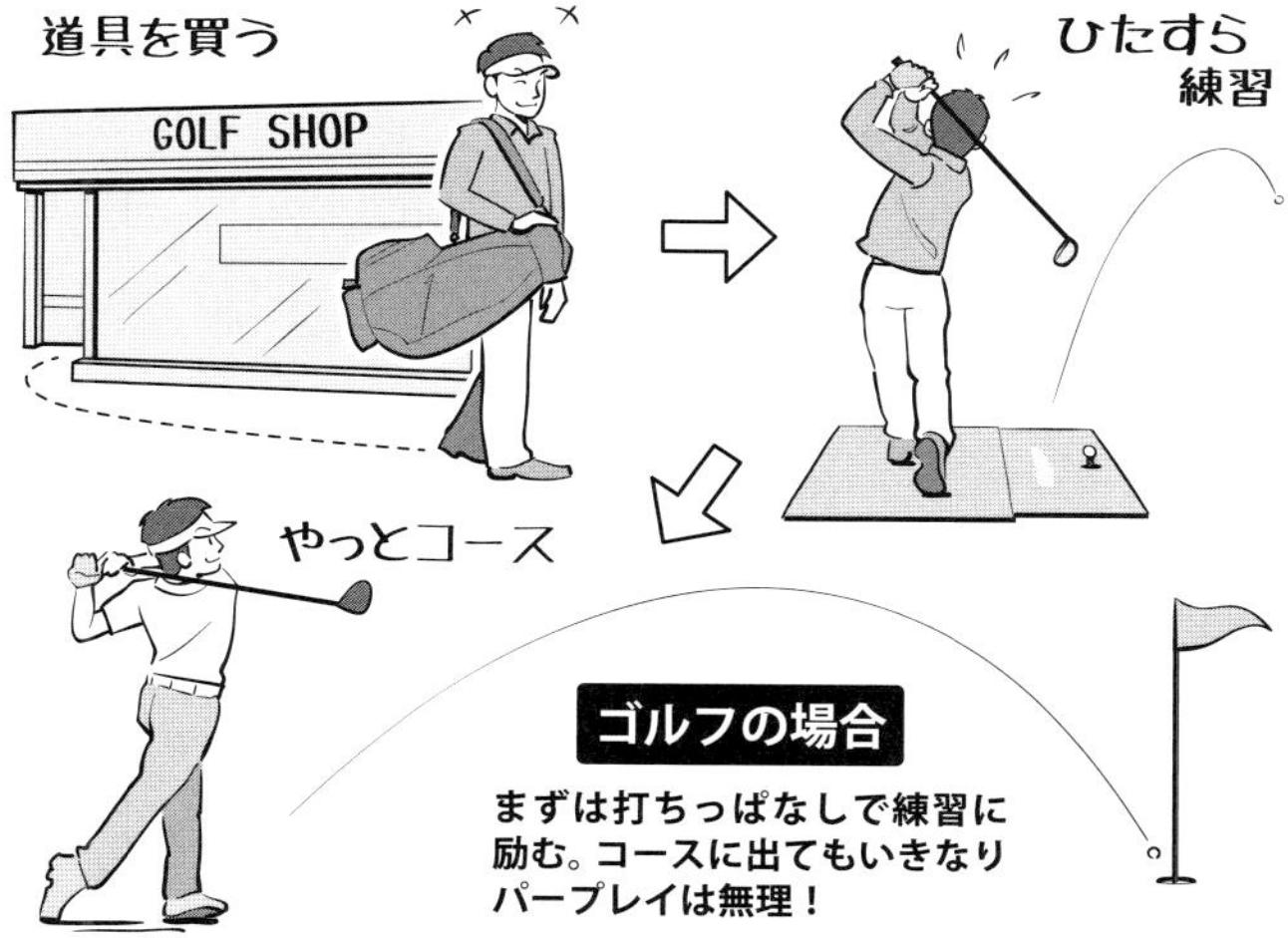
道具を買う
GOLF SHOP
ひたすら
練習
やっとコース
ゴルフの場合
まずは打ちっぱなしで練習に
励む。コースに出てもいきなり
パープレイは無理！

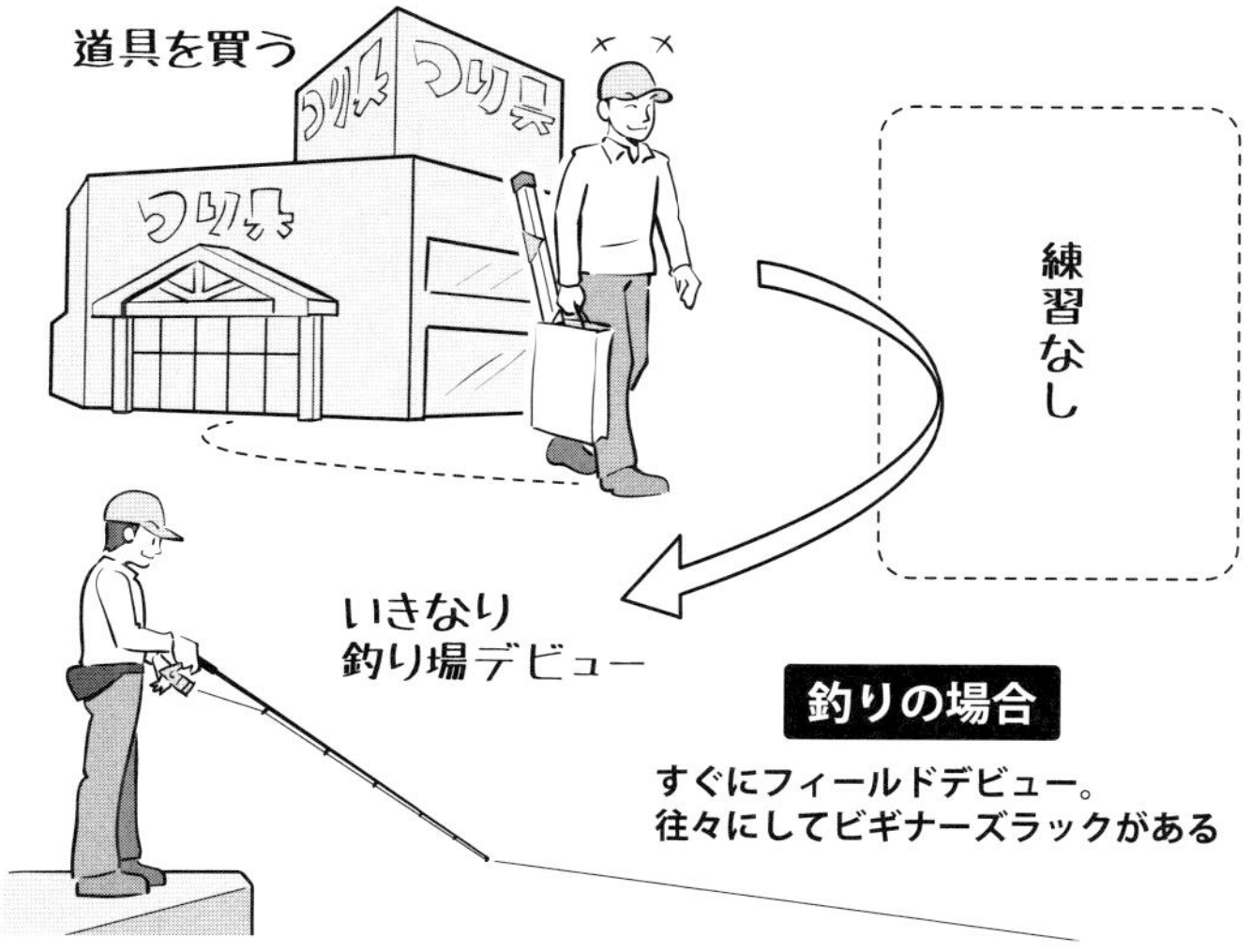
道具を買う
つり具
練習なし
いきなり
釣り場デビュー
釣りの場合
すぐにフィールドデビュー。
往々にしてビギナーズラックがある

ません。そこで練習場にいるプロから、持参した何種類ものクラブなりの目的や打ち方をコーチングしてもらうことになります。これを休みの日ごとにしばらく繰り返し、熱心な方は仕事帰りに毎日通います。

鋭い方はここまでですでに釣りに絡む問題点が少し見えたはずです。釣りの場合は道具を購入し、次の休みの日にはフィールドへ出向いてアジ・メバルを釣ろうとキャストする……つまり、クラブを購入して翌週コースを回るのと同じです。そりゃあ釣れるわけはありません。そしてこれは初級者だけの話ではなく、ある程度やり込み、実績もそれなりに上げている中級者でも同じセンテンスの間違いを犯し続けていることがほとんどです。

コースが違えば攻略法も変わり、風が吹けばまた変わるほどシチュエーションと攻略手順というのは千差万別です。そして上級者ほどこのことには真剣に向き合います。新しいルアーを購入するとすぐには実戦投入せず、アクションやスピードを確かめるために海なり川なりへ行きます。もしくは早めにフィールドへ出向いて、釣りを開始する前にそれらの検証に充分な時間を費やし、そのうえで初めてポイントに入って釣りを開始します。しかし中級者クラスまでは、ほとんどの方がいきなり釣りを始めてしまう……。

釣りの難しさはココなのです。ゴルフでは練習なしにパープレイ（つまり普通に釣れること）で回ることも、バーディーを取ることもほぼ100％あり得ませんが、釣りは生き物の本能である「食欲」を利用するスポーツですから、練習なしでもパープレイ的な結果が出ることはそう珍しくありません。それどころか、初釣りの日にランカーサイズを釣りあげるなど、いわゆるビギナーズラックが普通に起こり得るのが釣りという遊びです。

結局皮肉にも、「なぜ釣れたのか」と深く考えなければならないはずなのに、釣果がそれを阻害してしまうのです。そしていつか気がつけば、「なぜ他人より釣れないのだろう」と深く悩むハメになってしまうのです。

釣りは名手の領域まで求めない休日アングラーでも結果が出る遊びでもあります。私もそれを否定するものではありません。日頃の疲れを癒やしに海や川へ出掛け、自然に親しむ遊びはそれ自体とても素敵なものです。しかし、もしあなたが、ゴルフでいうところのシングルハンディ（上級者、名手レベル）を目差すなら、やはりそのレベルに応じた準備や練習や研究や検証が必要なのです。名手と呼ばれる人たちは例外なくこういったことを怠りなく淡々とやっています。そしてその準備や検証や練習そのものが、釣りの奥深い楽しさの一部でもあります。名手たちは例外なくココでも釣果という結果を待たずに楽しんでおり、釣り場へ出掛ける以前に半分以上は目的を達成できているのです。ましてルアーは活き餌と違い、道具そのものに非常に多くのタイプが存在するので、その段階を楽しまずして上達する道はほぼないといっても過言ではないでしょう。

しつこいようですが、もう少し比喩《ひゆ》を用いて「ライトゲームの落とし穴」を探ってみます。たとえばフライフィッシングを始める場合、いきなりフィールドに釣りに出掛けるアングラーはほとんどいないはずです。もちろんフライフィッシグはキャストが特殊で、それ自体練習を重ねなければ釣りにならない側面もあります。しかしほかにもまずターゲットの勉強（主に食性と、季節のベイトなど）から入り、次に食性に呼応したフライタイプやそれらを作成するマテリアルの勉強なども必要です。なぜなら、フライフィッシングはその歴史とともに、無数にあるフライタイプの意味とタイイングに必要なマテリアルをも知ることを、「前提としてスタートする」のがスタイルそのものになっているからです。

一方、ジャパンスタイルでもあるソルト・ライトゲームは未だ歴史が浅く、本来事前に学ばねばならないターゲットの性質やルアー理論の原理原則はおざなりのままです。世界でも特筆すべき豊かさにあふれた海に四方を囲まれた日本では、とりあえずルアーを投げればなにがしかの成果を得られ、一通り釣り込めば他人に自慢できるほどの釣果も得られるのです。しかし、それゆえに成長を阻害されているという面を忘れてはなりません。

あなたがより高い次元の釣りを本気で目差すのであれば、少しでも理解できていない部分があると気付いたら、何度も振り返るべきでしょう。かくいう私も気付きを求めてフィールドや他のアングラーからさまざまなことを吸収すべく日々釣りに取り組んでいます。

Ⅱ

アジング、メバリングの「落とし穴」にハマらないために

アジ編　種の特性と食性の違い

安定して釣れるアングラーになるためには、今一度、上達へと向かう手順の見直しが必要です。釣れるポイントを探す努力もしなければなりませんが、その前に順番としてきちんと見直しを図らねばならないことが山積みのはずなのです。あなたがアジングやメバリングを取り組みやすさからスタートして、そこそこの成果を得られたものの、ここに来て壁にぶち当たっているのであればなおさらです。それが1章「釣れるようになるための手順が違う」で書いた「③事前の研究や練習の必要性が理解できていない」から先にやるということの理由です。

「彼を知り己を知れば百戦殆《あや》うからず」という有名な孫子の兵法がありますが、釣りも同じです。相手を充分に知ることが出来ていれば攻略の糸口は自然にいくつも出てくるはずなのですが、ここでもターゲットの性質に対する認識が浅すぎるがゆえの「概念」が邪魔をします。

ではまずアジの特性や食性からお話しします。彼らは小魚やゴカイ類も捕食するものの、基本的には間違いなくプランクトンイーターです。特に一般的なアジングの対象となっているポイントで釣れるアジほどエリア的にその傾向が強く、ストマックポンプで胃の中身を採取してみるとほとんどの場合アミやゾエア（甲殻類の幼生）など、学術的に「微小浮遊生物」と呼ばれる小さなエサばかりです。したがって従来のアジ釣りでは、カゴにアミエサを詰めたサビキ仕掛けが最も効果的とされてきました。またルアーフィッシングであるアジングを行なう際にも、小さなジグヘッドに小さなワームというリグ（仕掛け）でスローに釣るのが主流になっています。

しかし、このあくまで最大公約数に過ぎない基準に囚《とら》われるあまり、多くのアングラーがフィッシングチャンスを逸していることにも繋がっています。つまり、さらに自分の釣りの水準を上げようと望むなら、ルアーでアジを釣るということの本来の意味と、アジが持つヒトには見えていない食性や行動パターンをもっと知らなければならないのです。

重要なことは想像力をマックスまで働かせることです。あなたはけっしてアジを見くびってはいないのですが、それでも一般的に広汎に、しかも初心者を対象としておざなりに繰り返されている情報に想像力を侵されていると考えてください。

『アジ（マアジ）』には居着き型（キンアジ・キアジ）と回遊型（セグロ・クロアジ）の2種がいる。居着き型は浅海の岩礁帯に住みあまり季節的な回遊はしないが、一方の回遊型の行動範囲は広く、学術的にも東シナ海で産卵し黒潮に乗って東アジア全域に分散し、春に北上し秋に南下すると考えられる。またこの他に独立した地方群も生息する。産卵数はどちらの種も30㎝台のメス成魚で30万個～50万個産む』

（岩井保『魚学入門』、檜山義夫『野外観察図鑑4魚』などより）

たとえばアジングの代表的なリグに、ジグヘッドキャロライナと呼ばれる仕掛けとジグ単と呼ばれる仕掛けの2種があります。メソッド（釣り方）でいえば、リトリーブとリフト&フォールの2種が代表的です。そして面白いのは雑誌などで各地域の釣りライターが書く内容です。「巻いて釣ったほうがよく釣れる」「動かさないほうがよく釣れる」「キャロリグが一番」「ジグ単が一番」「ワーミングが一番よい」「メタルジグなら爆」など、ともすれば真逆のことが書かれていたりします。

あなたはこういった内容を見てどう受け止めているでしょう。どちらも正しいことはある程度経験していれば理解できているはずですが、悲しいことに多くの方が分かっているつもりでもこれらを単一的に固定化させてしまい、柔軟さを失っています。

元来これらの内容は地域差もあれば季節差もあり、またベイトによる差やロケーション、シチュエーション等でさまざまに変化するものです。書き手の方は地域特性やタイミング

ジグ単 0.8g + 2 インチワームはアジングのベイシックなリグのパターン。
ベイシックということは、もちろんそのほかも存在することを意味する

も含めて「そのとき」によかった方法を紹介しているのですが、読み手は前後左右をすっ飛ばしてリグとメソッドなどの「ワード」だけが記憶に残り、自分の地域でやってみてひとまず結果が出た方法だけを「コレが一番！」と曲解してしまうのです。

リグやメソッドを語る際に一番重要になる基準はベイト（エサ）にあります。しかしリグやメソッドは「アジに合わせてある」と誤解するのです。ルアーフィッシングにおいては、正しくはリグやメソッドは「ベイトや環境に合わせてある」と考えなければ、シチュエーションが変わったときに対応していけないのです。

【キーワード】アジはあくまで青ものの一種

アジングとメバリングは使用するタックルが非常に似通っているがために、釣りものとしてさまざまな部分で同一視されることが多いのですが、その行動パターンや食性の在り方はかなり違います。

まず知らねばならないのは、アジはイワシやサバと同様の青ものであるということです。群れの規模がメバル（底もの）とはかなり異なり、圧倒的に大きな群れを形成します。メス1尾の産卵数にしてもメバル（卵胎生）の数千尾に対し、アジ（卵生）は30万個以上も産み落とすわけです。したがって形成される群れの大きさは当然メバルの100倍に相当します。そして成長も早く3年で成魚となり、寿命も10年辺りが長寿記録とされるほど短命です。

一方のメバルは成魚になるのはアジとそう変わらず3～5年といわれていますが、寿命は長く10年選手（一般的に尺メバルクラス）がザラにいますし、記録（種としてはオーストラリアで100歳の記録も）となると学術上もハッキリしていないほどの長寿を誇る魚でもあります。

アジ・イワシ・サバなど、回遊型で群れが大きく、短命で成長の早い種は基本的にどれも食欲が旺盛であり、群れ単位で同一行動を取ることが多く、いわばワンパターンな摂餌方法です。つまり全員が一斉に同じ時間から摂餌を始め、同じエサばかりを食べ、時間が来たら（あるいは群れの規模に対してエサが少なくなれば）一斉に移動するといった行動パターンです。

これはアジがプランクトンイーターの傾向が濃厚であることから来る習性で、アミなどのプランクトンが湧くエリアや時間を本能で熟知しており（一説には潮の匂いでアミの居場所を感知するといわれている）、大きな群れの「全員のエネルギーを確保できる場所」にしか現われないことも物語っています。したがってメバルよりはるかに深い場所（たとえば水深１００ｍ）でも群れます。常に広範囲に泳ぎ回るせいでエネルギーの消費も早く、常に摂餌する必要があり、そのエリアのエサが希薄になると一斉に移動するのです。つまり、徹底した集団行動がアジの特徴なのです。

このことが釣りにどう影響するのか、そして自分の釣りにどう反映させるかをアングラーは考えなければなりません。ある程度アジングをやった方なら経験されていることと思いますが、一定のシーズンにならないとアジが釣れないエリアなどでは特にそうです。

分かりやすく代表的な例として、東京湾の湾奥を挙げてみます。

東京湾で獲れるアジはキンアジと呼ばれる居着き性の強い群れで形成されています。普段は千葉の沖合などで生活しており、船からは周年ねらえるものの、岸からは秋にならないと釣りの対象となりません。しかしこれが10月に入る頃から木更津の沖堤防などで釣れ始め、さらに季節が進むとベイブリッジやつばさ橋周辺の湾奥河口部まで差してきます。

釣り人は、この契機が何であるかを知らないとよい釣りが出来ません。

私の観察ではアジが湾奥に差す契機は「長雨」です。イワシなども同様ですが、プランクトンイーターはプランクトンが湧くエリアに集中します。食べるのは動物性プランクトンであり、動物性プランクトンのエサは植物性プランクトンです。この植物性プランクトンは光合成が必要な生き物ですから、太陽光が強く注ぐ浅い場所でしか大量に発生しません。そして植物性プランクトンが大量発生するもう1つのキーワードが「水温と雨」です。つまり雨が東京湾に流れ込んだときに河口部中心に植物性プランクトンが大量に発生し、次にそれをエサにする動物性プランクトンが大量発生します。そしてアジは流れに混じって届いてくるそれらの匂いをかぎつけて湾奥へと移動してきます。

私自身は東京湾でアジングをする際この長雨（特に秋の）を「岸釣りシーズン開幕のゴング」にしています。雨水が流れ込み、それが数日して落ち着き水温が安定した頃に行くとズバリです。しかもこの時点では「釣れた」という情報は出回っていませんから、釣り場には誰もいないのです。いるのは年中ホームグラウンドの張り番をしているヘンタイさんだけです。だから皆が気付いて押しかけてくるのは、勘が働くベテランたちがさんざん楽しんでピークが過ぎた頃というのが、おおむねの釣り場での実態でしょう。

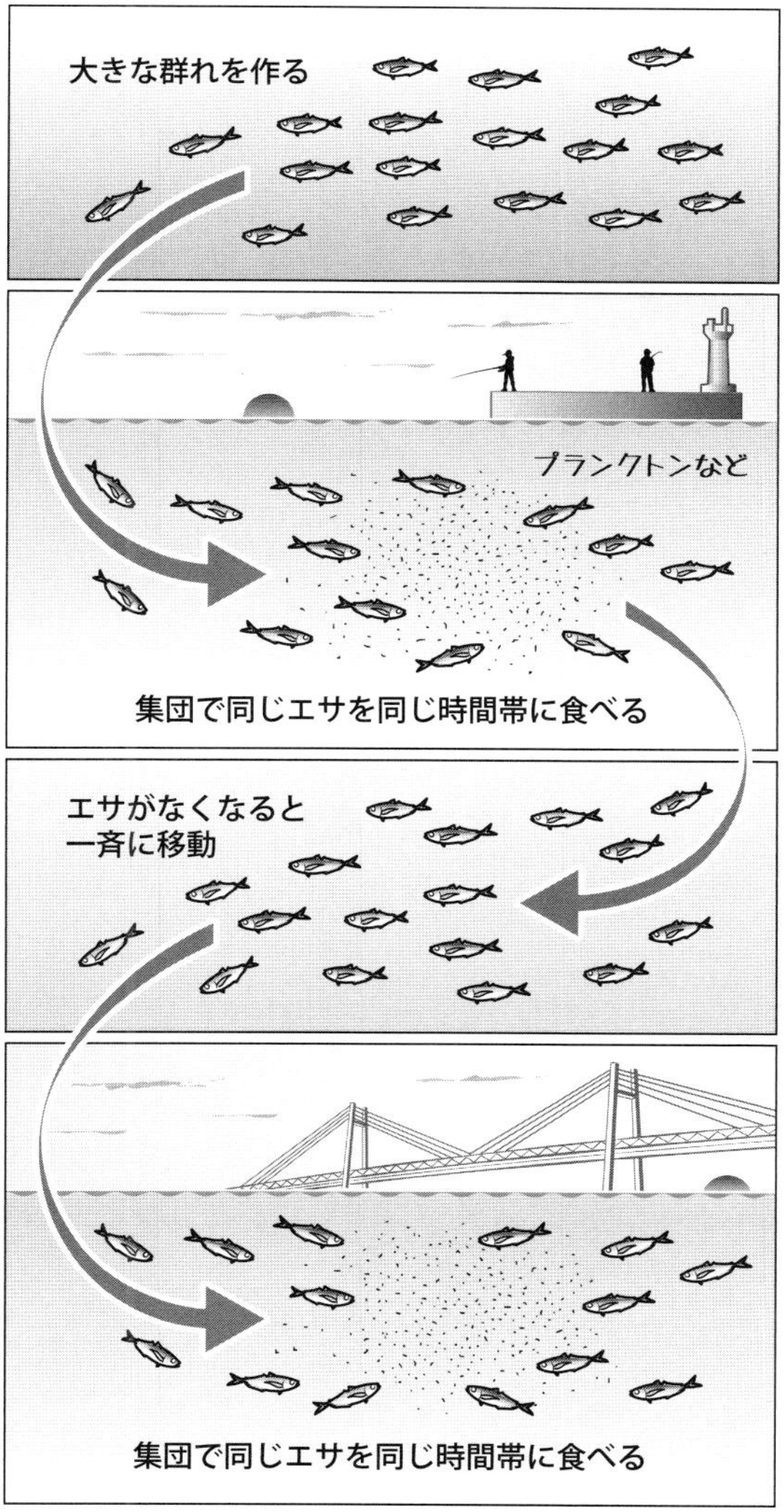

【キーワード】アジも多彩な食性を持つ

本書はもっと釣れるようになるための「考え方の基本」を指南するのが目的です。したがって、「リグやメソッドなどを勉強する以前にもっと大事なことがありますよ」と言っているのです。その1つが「相手を知る」であり、食性や行動契機を知れば「釣れた情報」などなくても自分でタイミングをつかめるようになります。そしてもちろん、アジの食性や行動契機はプランクトンだけではありません。それどころか釣り人としては常に違うと構えておくべきなのです。

たとえば長崎県の壱岐では例年1～3月にかけて40～50㎝の巨アジが釣れますが、この契機のキーワードは「キビナゴの接岸」ですし、私が地元広島や愛媛で毎年40㎝クラスのアジを釣るニッチなポイントの契機は「甲殻類の脱皮や多毛類の産卵行動」です。しかしそれもひと月もすれば終わり、今度は他の小魚ベイトが契機になります。

釣りは地域の自然サイクルを知らなければ、「釣った」という本当の釣果は得られないのです。

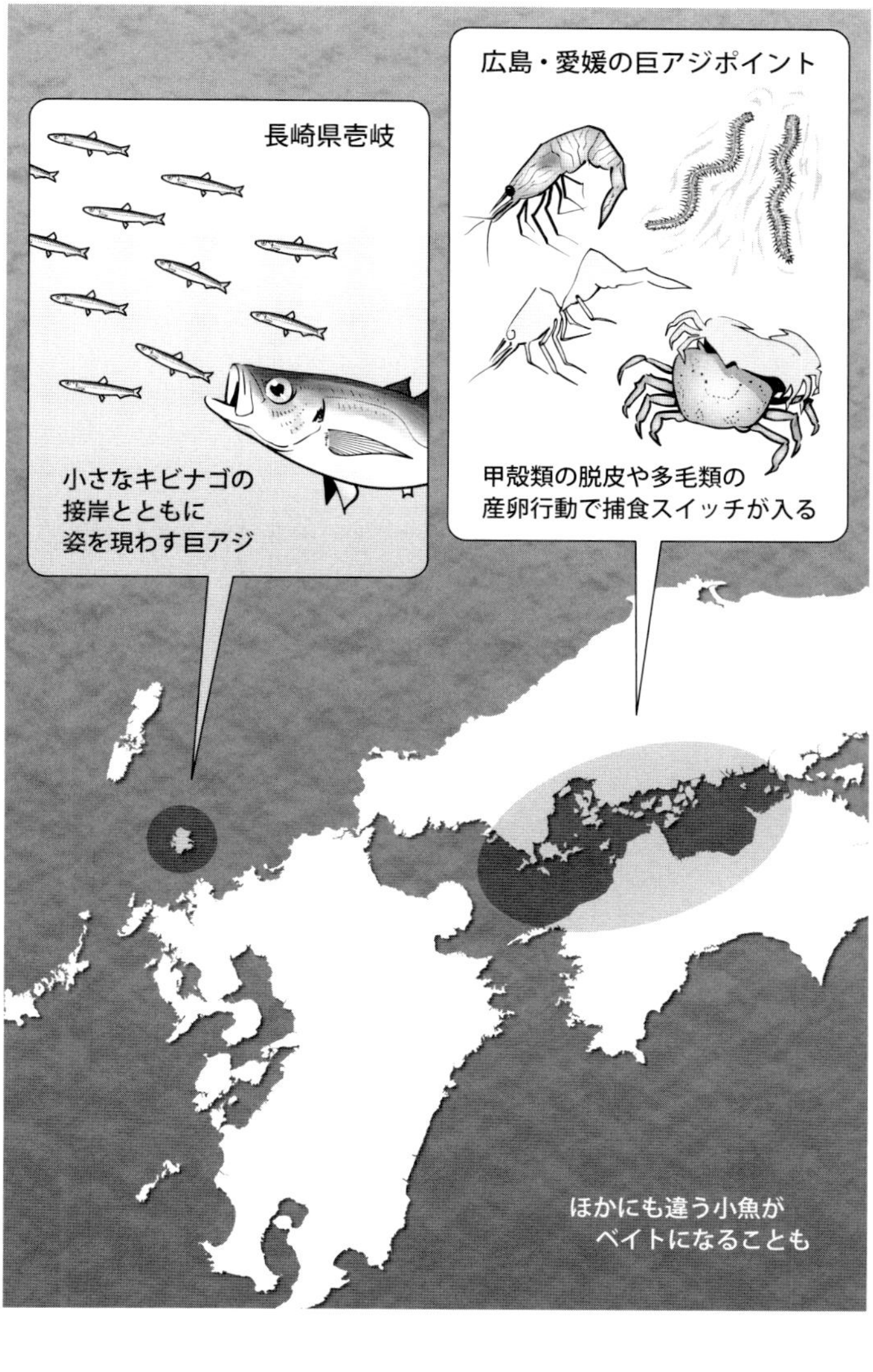
長崎県壱岐
小さなキビナゴの
接岸とともに
姿を現わす巨アジ
広島・愛媛の巨アジポイント
甲殻類の脱皮や多毛類の
産卵行動で捕食スイッチが入る
ほかにも違う小魚が
ベイトになることも

【キーワード】リグやメソッドはベイトに合わせるもの

アジをルアーで釣る際、ジグ単リグやキャロリグというのは確かに結果が出やすい秀逸な仕掛けです。しかしこれを「アジを釣るリグ」というふうに捉えてはいけません。これはあくまでアジの基本食性であるプランクトンパターンに相応するものであって、ベイトが変わればリグやメソッドも変わります。

たとえば前項で述べた壱岐の巨アジパターンですが、釣れるのは成長した回遊型の大型セグロアジで、捕食しているエサは10～15㎝もあるキビナゴの成魚です。したがって一番有効なリグはメタルジグなどであり、10～20gもあるメタルジグを投入して高速ジャークからのフォールなどでバイトに持ち込みます。しかもこのパターンはキビナゴがプランクトンを食べるため港に入り込んでくる朝夕のマヅメ1時間ほどしか機能しない、非常にプライムタイムの短い釣りなのです。

以前に私はこの地で一般的なアジングメソッドに固執しているアングラーのグループと一緒になったことがあります。彼らが使用していたのは通常のアジングロッドに0・5～1・0gのジグ単リグとアジングワームです。もちろんこれでも釣れなくはないのですが、相手は超が付くほどの大型アジなのに、ラインはポリエステルの0・3号などですから掛けても大変です。取り込みもネットを使うなど非常に時間がかかり、2尾ほど釣ったら時合が終わるという有様でした。

一方、地元連はシーバスロッドなど強めのロングロッドを使用し、ラインもPE1〜2号のミチイトにリーダーは50㎝アジをぶっこ抜くために4号程度を使い、10〜20gもあるメタルジグを結びます。それを遠投してジャークを掛け、早く巨アジにルアーを見つけさせてヒットしたら一気に寄せ、そのまま抜き上げてバケツに放り込み、すぐさま次を投入するという、まさしくマヅメ・キビナゴパターンに応じた釣り方ですから、結局釣果も10対2ほどの差が付いてしまいます。

壱岐ほど極端ではなくても、富山の河口のアジ釣り（稚アユ付き）、佐賀・呼子、愛媛県佐田岬、和歌山・串本での大アジパターンでも同様な思い込みによる釣果の差が見られます。つまり、細イト、極軽リグ、スローな展開がほとんど通用しません。これらのパターンで使用するリグはジグ単でも3〜5g、ワームもバス用の4インチを使っての早巻きなどが主流になります。さらに一般的なアジングリグを圧倒するケースとして、メタルバイブやプラスチックバイブ、ミノープラグなどハードルアーが挙げられます。

ここまでですでに違和感を持たれる方がいるでしょう。

「いやいや、そんな特殊な地域の釣りをアジングで語られても」と思われたはずです。
しかし重要なのはこういう情報を参考に自分が通う一般的なアジングポイントを見直し、何かがおかしいと思ったら戦略として取り入れることが大事なのです。なぜなら、そのポイントで最大公約数となっていたベイトパターンが崩れたときに引き出しがないからです。そして、前述したような大アジなどいないとされている地域でも、実は結構な良型が入るタイミングもあるものです。しかしポイントや釣り方とリグが固定化されているがためにそのことに一切気がつかない……。

リグやメソッドなど、それが何に起因し、何に対して当てはめるのかといえば、エサと食性そのものです。動物性プランクトンは基本的に表層付近に湧きます（表層というのは深海や中深海からみた表層であってボトムまでの水深が5～7ｍ程度までは同様）。アジは群れの規模を支えられる量のプランクトンが湧く時期を熟知しており、そのタイミングで接岸します。そして一定期間はその場にとどまりますが、プランクトンの量が減ると、もっとボリュームのある小魚や多毛類や甲殻類などほかのエサにも目を向け始めます。その確率は大型ほど高く、遊泳力が強く経験も豊富で狩りも上手な大型は、「お子ちゃまの食い物には手を出さない」といった図式さえ成り立ちます。これらの現象に信憑《しんぴょう》性を持たせるためにも、私が経験したいくつかの実例を持って具体的な説明をしていきます。

【キーワード】大アジと小中アジでは食性も変わる

私が毎年40㎝クラスのギガアジを捕りに行くいくつかの地元ポイント（広島県周辺域）では、前項で述べたことが非常に顕著に見られます。ポイントAは堤防でコの字状に囲まれた貯木場跡地で、堤防内側の海底には木材チップが堆積しています。水深は10ｍほどですが、ここでは40アジは海底すれすれでしか食ってきません。０・８ｇ程度のジグ単リグをボトムに這わせ、わずかにピクッと動かしてはロングポーズで待ちます。そしてわずかにフッとラインテンションが抜けるようなバイトで合わせると、大抵30㎝をはるかに超える辺りから40㎝超えまでの大型がヒットします。

しかし、このタイミングでも通常のアジングのときのようにチョンチョンジャークからのテンションフォールやスローリトリーブで釣ると、大きくても25㎝までの個体が先に食ってくるのです。これは双方を持ち帰って胃袋の中身を検証すると違いが歴然です。大型はエビやカニやゴカイを食べていることが多く、小型はアミばかりが胃袋に入っています。

ポイントＢも特徴的です。大型フェリーが出入りする桟橋近辺で、季節になると多くのレギュラーサイズのアジが接岸するのですが、メガ級に限ってはポイントＡに非常に似通った釣れ方をします。このポイントへ最後に行った折、先行者がいたので、ポイントが空くのを待つため駐車場で友人と2人で待機していました。深夜2時を回った頃に彼らは帰り支度を始めました。駐車場ですれ違い様に釣果を尋ねると、

「遅かったね~。最大33㎝で20㎝以上が40尾は釣れたけど、もうアタリが遠のいたよ」。さらには、「軽いキャロリグで遠投して宙層を通すとバンバン釣れた」とも……。

このポイントで数年も大アジねらいで通い続けている私と友人は顔を見合わせて苦笑いするしかありません。まあ33㎝を筆頭に40尾も釣れれば大満足であるのは間違いないのですが、私と友人のねらいはあくまで40㎝オーバー。したがって我々のねらい（ピンのポイント）は先行者と全く違います。普通にオープン方向へ向かってキャストすると大アジは全く釣れません。オープンで釣れるのは大抵の場合レギュラーサイズばかりです。それほどくっきりと分かれるのです。

ここでは大アジは桟橋の真下に位置する落差50㎝ほどのブレイクの壁沿いに平行に出入りしています。特殊なポイントなのです。したがってリグは飛距離の出ない（いらない）0・6~0・8gのジグ単です。これをほとんどキャストせずブレイクの壁沿いに落とし込み、わずかに10㎝ほど持ち上げては下ろしを繰り返すと、ズドン！　私に来た1尾目が41㎝、続いて友人に来た1尾目は43㎝もある超大型でした。非常に濃厚な釣りでもあるので

堂々の 40cm ギガアジ。足下のブレイク沿いを通り、沖に投げたのでは釣れない魚

多獲は避け、仲よくヨンマルオーバーを4尾ずつ釣ってその場は終了です。

先行者の彼らは、まさかこの湾奥のポイントで40㎝など釣れるわけがないと思っているはずです。つまり思い込みなのです。言い添えておくと、この場所で大アジが食べているベイトはやはり甲殻類とゴカイ類が多く、表層から宙層のアジが食べていたのはほとんどプランクトンでした。

【キーワード】群れで追うエサが違うケースも

次は上下が真逆な例ですが、10年以上前に地元ポイントCで起きた顕著なケースです。

ここは25㎝前後の良型が数釣れることで昔から有名なエサ釣りに人気のポイントです。ところがある日、いつもとは違う雰囲気を感じました。常夜灯にうっすらと照らし出された海面下で走る影が見えたのです。それも何度も。

このポイントでは2g程度のスプリットシンカーに0・2g程度のジグヘッドを付ける「ジグヘッドスプリット」と呼ばれるリグか、「ジグヘッドキャロ」が主流で、ストレート系ワームをセットしてボトムでのリフト&フォールが王道です。そもそもジグヘッドスプリット自体、我々がこのポイントでアジを選択的に釣るために考案したリグであり、私も当然それを結んでいたのですが、この走る影を見た瞬間にピンときました。

早速1・5gジグヘッド単体に結び替え、ワームもテールの付いたシャッドタイプ（グラスミノー）に刺し替えてキャストし、走る影とほぼ同じスピードで早巻きとすると一発で答えが出ました。このポイントではあまり見かけないサイズの31㎝のアジです。そして同等のサイズが10尾連続でヒット。周りの釣り人たちを大いに驚かせました。

このときに釣れたアジの胃袋の中身は、すべて成長途中の小型イカナゴでいっぱいでした。つまり明らかに底層で釣れる群れとは別の、より大型のアジの群れが表層でイカナゴを追っていたのです。

【キーワード】食性の変化は千差万別

まだまだ事例はたくさんあります。ポイントの平均的釣果をはるかに上回るケースというのは、ほとんどがそのポイントの王道メソッドや一番人気のルアーではないのです。それが釣りの現実でもあります。

たとえばここまでは大アジについて語りましたが、大アジが入ってくることはまずないポイントでも、3~7gのメタルジグや4gのメタルバイブが通常のアジングリグを大きく上回るケースなどは無数にあります。スタンダードはスタンダードとして踏まえなければなりませんが、相手は自然であり生き物ですから、いつだってヒトの常識を裏切るようなことは起き得るのです。

私がこのことに気付いたのは10年ほど前、友人3人と瀬戸内の離島を訪れたときです。離島らしく1g前後のジグ単リグで全員にひっきりなしにバイトがあり、レギュラーサイズのアジがどんどん釣れます。ルアーフィッシング歴の長い私は、こうなると20尾も釣れたあたりで飽きてしまい、何かほかのことをしたくなります。そこで3gのメタルジグを結んで下ろすと、着底からのワンアクションで食ってきます。ワーミングよりバイトタイ

ワームで釣れていたが突如としてメタルバイブにスイッチが入り爆釣

ミングが早いのです。次にウエイトを5gにアップすると着底と同時にバイトしてきます。これはと思いさらにウエイトを7gに上げると、驚いたことに着底を待たずフォールの途中でひったくられるのです。しかも毎回です。1gジグ単ではほとんど起きなかった現象です。つまりこのときはフォールスピードが速いほうが有利であり、それがハマるのが7gだったのです。

すべてはベイトの在り方がキーワードになっているのです。何度でも言いますが、アジだからスローに釣る、アジだから軽いもので釣る、アジだから小さいルアーで釣るというのは単なる最大公約数です。したがってアジングにおいてもベイトの差によるスピード（釣り速度）の変化を知らねばなりません。前項で述べたフォールスピードによるバイトの出方も同じ理由、同じベクトルによるものです。アジングとなるとどうしてもスローな展開でしか食わないと思いがちなのですが、リトリーブスピードが速いほうが圧倒的に釣果も上がることは、とてもよくあることなのです。逆に、全く動かさないほうが釣果で勝ることも当然よくあります。

これらはすべてベイトに左右される現象ですから、アングラーは常に即座に状況に合わせて対応できる気構えでいないと、ベストな結果は得られません。

そして釣りの常としてありがちなのは、大ものやグッドサイズもまた、大抵の場合そのエリアで常識となっているメソッドの外側に位置する性質を持っているということです。人跡未踏の地ならともかく、延べで数百人や数千人もの釣り人が入ったポイントでは必ず大きな個体から先に釣りきられます。したがって残っていく個体はレギュラーサイズやエサを採るのがまだ未熟な小型の個体か、多くの仲間とは食の好みや危険を察知するアンテナの構造などがまるで違う性質を持つ大型のみとなります。したがってその他大勢のアングラーと同じことをやっていても、この大型は釣れてはくれないのです。

メバル編　種の特性と食性の違い

次にメバルに目を向けてみます。メバルもプランクトンイーターとして知られていますが、今日ではアジよりはフィッシュイーターとしての傾向が強いという認識がすでにされています。したがって近年はプラグなどハードルアーでの釣りも浸透してきましたが、まだまだプラッキングは一部地域の釣り方という印象が強いようです。

その原因として、メバルは根魚という認識が昔から強くあり、永らく「底を釣るもの」と誤解されてきたのも一因となっています。もちろん基本はメバルの沖釣りに代表されるように底ものであることは間違いないのですが、それも単なる最大公約数に過ぎません。広島を中心としたメバリング先進地の瀬戸内では、ハードルアーであるプラグを使用した、水面直下から水深1ｍくらいまでの浅いレンジの釣りが近年本格化してきています。

【メバルは行動範囲が狭く、捕獲して数十メートルから数キロメートル離れた場所に移動放流してもすぐに元の行動範囲へ戻ってくることが1970年代より報告されている】

（日本バイオロギング研究会会報・第75号）

【メバルは沿岸の岩礁域や藻場で単独または数尾、ときには10～20尾の群れを作って生息しています。人工漁礁にはよく集まりますが、魚礁の内部に入ることは少ないようです】

（公財・海洋生物環境研究所ホームページ・海の豆知識Vol．43）

メバルに関する学術論文はまだ少なく、近年シロメバル、アカメバル、クロメバルの3種がようやく認定された程度でまだまだその生態はベールに包まれた魚でもあります。しかし前述した参考文献などを見ると、釣り人の観察力は案外大したもので、3種のメバルに関しても数十年昔から我々（私が以前在籍していたメバル釣りクラブ）は、3種ともその性質から推し量って別種であるとの認識を持っていましたし、基本的に行動範囲が非常に狭いことも知っていました。群れの在り方に関しても、学術的な裏付けはないものの、私自身は、「1つの根に付く群れは同一の個体を親とする兄弟姉妹である」との認識を持っています。さらには、家系によって岸に付く家族と沖でしか生活をしない家族に分かれているとも思っていますし、基本的に生活範囲を変えない魚だとも思うのです。どう考えてもどう思い返しても、これまでの釣りで得た情報を合算するとそういう結論にしか至らないのです。そして、これらの観察から来る推理推論があればこそ、新たなフィールドや釣法の発見へとつながっていくのです。

【キーワード】明かり付き堤防に群れるメバルは近代型!?

春になれば常夜灯のある堤防がメバリング最大のステージとなり、実際メバルがたくさん寄りつくキーワードでもあります。しかし過去のさまざまな場所での釣果をこのことに当てはめてみるとどうでしょう。私が思うに、その海域に生息するメバルの大部分は港湾の明かりには付きません。ほとんどが日没↓夜明けという自然の摂理によるルーティーンにしたがって生活をしています。

メバルは基本的に生まれ育った生活範囲から一生出ないという性質をもつ魚です。したがってメバルが沖合から明かりに寄ってきたのではなく、そもそもその家系が棲んでいたエリアに、近代になって人間が明かりを灯したに過ぎないのではないかと考えます。そうすると、私自身地元のポイントで数十年観察してきたさまざまな現象に辻褄《つじつま》がキッチリと合ってくるのです。

ではここでもう一度ざっと「種の違い」をアジと比較してみます。

【アジの移動距離】回遊型は千キロを移動。居着き型でも数十キロから百キロ単位の移動をする。

【メバルの移動距離】養殖個体を放流した調査では、最大でも5㎞前後の移動が確認された程度。

【アジの産卵数】成長したメス1回の産卵数は30～50万粒。

【メバルの産卵数】成長したメスが一度に産む個体（卵胎生）は数千尾。

つまり、大家族で長い距離を移動するアジと、小家族で小移動しかしないメバルという図式です。

そして「広範囲を泳ぎ回って大家族を養えるだけの大規模で単一のエサを探すアジ」と、「住処《すみか》がある狭い範囲内だけで生活し、そこで捕食し得るさまざまなエサを待つメバル」という図式も見えてきます。

メバルはアジほどは大規模なエサ場を必要とせず、基本的には自分、もしくは小規模家族を養えれば事足りるわけですから、とどのつまり大移動をする必要がないという結論にも至ります。しかもメバルにはさらにアカ、シロ、クロと3種があり、それぞれ微妙に生活域と行動パターンと食性が異なります。その性質の差を熟知する名手クラスになると、同じエリアで釣り分けがある程度出来るほど、その差は微妙でありながら明確な面もあるのです。そしてこのことを、先に述べた代表的なメバリングフィールドである「港湾部、明かり付き堤防」に当てはめて考えると、さまざまな点で納得の構図が浮かび上がります。

私が長年の観察や経験で捉えたメバルの生態で間違いないなと思うことは、生涯シャローに上がって来ることがなくディープの岩礁帯から離れない一族や、港湾部の明かりには生涯寄ることがない一族がいるという考察です。

私が体験した中でもとりわけ代表的な事例を紹介しますが、これはかつて（20年ほど前）メバル遊漁船のアジロ（漁礁）構築のお手伝いをしたときにかなり明確になった事実であり、そこからはメバルの行動領域の狭さや定位性、家族・一族単位の習性などが実に明確に浮かび上がって見えてきます。

闇磯のシロメバル。常夜灯に付くメバルとは別の一族と思われる

【キーワード】わずか100mを移動しない家族の存在

広島県の沖美能という堤防は当時県内でも1級のポイントであり、大型メバルが素晴らしく釣れていたのですが数年で枯渇し、その後20年経っても復活しません。釣りに行ってもおチビがパラパラという始末です。ところが、くだんの遊漁船でその堤防からわずか100mほど先の水深25mの海底に大きな根があるのを発見し、仕掛けを下ろしてみると（昼間のドウヅキ・エサ釣り）25～30㎝の大型メバルが入れ掛かりです。しかもこのポイントのメバルのストック量は驚くほどの大規模なものでした。

つまり、この根のメバル（住人）たちはわずか100m先の明かりには全く寄りつかない一族であることの証明でもあり、結局のところメバルとひと口にいってもさまざまな性質を持つ家族や一族がいて、それぞれのグループが育った環境や先祖からのルーティーンをしっかりと受け継いでいるとしか思えないのです。人工の明かりに寄るプランクトンや小魚を全くあてにしない家族なのです。

それだけ根の性質が優秀で、常に一定量のエサを供給してくれる環境だからなのでしょうが、それにしてもわずか100m先に存在する、やはりエサ場としてはかなり優秀であるはずの「堤防先端の明かり（深夜営業の大食堂のようなもの）」に全く興味を示さないとは、本当に驚きでした。

ちなみにこの根で明かりを付けずに夜釣りを試すと、はっきりと昼間より食いが悪いのです。堤防のメバルも沖根のメバルも同じシロメバルなのですが、沖根の一族は昼行性の強い家族であるということです。逆を言えば、まる3年ほど私や先輩たちを楽しませてくれたこの堤防の先端に集まるメバルは夜行性の強い家族であり、いつでもお手軽に食事が出来る近代の深夜レストランが好きだったということでもあります。

こういった経験を重ねるにつれ、私は釣り人的視点から次のような結論に至りました。「メバルは行動範囲が狭く、家族の単位が小さく、基本が根魚だから1日の運動量も青ものよりもずっと少なく摂餌の量も少量で済み、一日中食べる必要もない。しかも狭い生活圏で暮らすので、エサもプランクトン中心ながらテリトリーに入ってきたものは、少々大型でも襲うどう猛さも持ち合わせている」と。

【キーワード】メバル3種「アカ・シロ・クロ」それぞれの特性を考える

私個人としてはこの3種の分類にはまだ懐疑的です。アカにはもう1種類別種がいると思っています。たとえば瀬戸内の藻に付いているアカメバル（金メバル）と、伊豆のゴロタ場や和歌山の磯などで釣れるアカメバルとでは、どう見ても別種にしか思えません。まあそれはさておき、学術的なこととは別に、アングラー目線でこの3種を見たときにやはりそれぞれに特徴的なことがあります。

それはまず釣れる場所です。

釣り場的に混合して釣れる場所もなくはないですが、おおむね分かれます。たとえば、とりわけ特徴的なのはアカメバルです。ねらって釣るには磯（複雑で比較的浅い場所）や大きめのゴロタ岩がたくさんある海岸などが一番です。荒根やウイードが近接する堤防でも釣れますが、基本的に堤防では釣れる確率は相当低くなります。さらに顕著なのは、広い海底にぽつんとある根や、起伏のないフラットな泥底や砂底ではほとんど見ることができません。

深場の根周りや泥底ではシロメバル主体でクロメバルが少し混じり、砂底となるとほとんどがクロメバルです。そして明かり付き堤防に最も群れやすいのはクロメバルであり、アカメバルはあまり明かりを好まない種であることも窺《うかが》えます。つまり、アカメバルはストラクチャー（障害物）依存の性質が強いということです。したがって水深が10ｍ以上もある堤防で明かりに浮くクロメバルのように、水面で誘うペンシルプラグや水面下50㎝内外で誘うミノープラグなどに食ってくるようなことはまずありません。

全国津々浦々でメバルを釣り歩いた私ですら、水深のある場所の浅いレンジ（宙層）でアカメバルを釣ったことはほとんどありません。ほぼすべて、浅場の根周りなのです。これが何を物語っているかというと、私の考察ではアカメバルはかなり徹底した肉食（魚食魚）であり、猫科の猛獣ヒョウのような「待ち伏せ型の捕食行動」を取るメバルだということです。磯場でアカメバルをねらっているアングラーならほぼ常識ですが、ストラクチャーに対してかなりタイトにルアーを通さないと食ってくれないことからもその事実が窺えます。たとえば捕食コースの30㎝も外側を通したら食ってこないほどシビアなのです。そしてこのシビアさは小型ほどゆるく、大型ほど強くなります。この場合、寄せ波や潮流方向も大きく関係します。つまり食べやすい方向があり、逆から通しても食ってくれません。これは「獲物の風下から忍び寄る」という、まさしく肉食獣の狩りのスタイルそのものではないでしょうか。

一方、クロメバルはアカメバルと対照的です。「砂底でも釣れる」と前述しましたが、これは魚食性もあるものの、基本的にはアジに近いほどプランクトンイーターの性質が強いからです。プランクトンは流れに乗って表層付近を流下してくるので底が何質かは彼らには関係ありません。したがって身を隠す必要もあまりなく、ストラクチャーに対する依存性はかなり低い種といえます。

クロメバルを釣る場合は、ストラクチャーよりもむしろ「流れ」のほうが重要な要素となります。「エサが濃く流れてくる潮」に集中的に付くからです。したがって今度はレーン（エサの通り道）とレンジ（エサの深さ）がキモとなり、それは大型ほどシビアですから、大型を釣ろうとするとナチュラルドリフトなどのテクニックとともに、渓流魚をドライフライで釣るときと同様の考察が必要となります。

最後はシロメバルです。このメバルが3種の中で最もメバルらしい性質を持っている印象を受けます。シロメバルはクロメバル同様に水面付近でプランクトンを食べることも多いうえに、アカメバルのようにボトムストラクチャー周りで小魚を待つこともあります。また大きな特徴として、アカやシロより比較的深い場所でも生息することが挙げられます。私はスクーバダイビングもやっていたので潜るたびにメバルの観察をしていたのですが、水深30ｍを超えるディープで観察できるメバルは圧倒的にシロメバルでした。また、遊漁船などの魚探でディープゾーンの根の脇などに映る「メバル柱」と呼ばれる密度の高い縦の反応は、ほとんどがシロメバルでした。

岸釣り的に見ても、近年私や友人たちが行なっている、本流ディープのボトム付近へメタルジグを打ち込んでのフィネスジギングで釣れるのも、ほとんどがシロメバルです。しかし一方で他の2種よりもフラットなボトムに付くことも多く、サーフに近いような砂泥質の底で岩や藻が混在するエリアでもよく釣れます。また明かりがなくても水面近くに浮いていることや、港湾部ではタンカーバース橋脚などの縦ストラクチャーへ寄り添うように付くこともあります。つまり、メバル3種中で最も釣れるロケーションが広い種であるといえます。

【キーワード】回遊性や群れの規模に関して

メバル3種にかかわる特性はまだまだあります。それは「群れの規模や在り方」です。ここまでの内容で、ある程度想像して頂けるとは思いますが、まずはアカメバルから。

●アカメバル　ほとんど回遊せず浅場の根に付くタイプ

アカメバルは1つの群れでも、生息に適した根の中でさらに分散して1尾ごとに狭いテリトリーを形成します。つまり基本的にストラクチャー付きのメバルで、1尾ずつ個室を持っているような種です。クロメバルのように同じポイントで大連発することはまずありません。ピンポイントではせいぜい2尾です。これだけでも単なるアミ食いではないことが容易に想像できます。おおむね、ややボリュームのある小魚やエビなどを物陰でじっと待ち伏せして食べています。メバル3種の中でも比較的群れの規模が小さく、プランクトンなどの大規模なエサ場を必要としない進化の道を選択した種といえるでしょう。

●シロメバル　行動範囲はやや広く、群れで回遊もするタイプ

アカメバルのようにエサ場を浅場のストラクチャーだけにこだわらないタイプです。アミやゾエアを食べるときは深場でも水面近くにサスペンドして待ち受け、サクラエビの発生時期などは群れで深場の岩盤ブレイクに集結し、イカナゴが発生すれば夜間砂地のイカナゴベッド周りをウロウロし、カタクチイワシの発生時期には堤防の陰やタンカーバースなど縦のストラクチャーに身を潜めて待ち構え、ゴカイや仔カニを食べるときは砂泥底で下目線になって捕食します。つまり非常に食性が豊かなタイプで、行動域もアカメバルに比べるとずっと広いようです。一家族で一定規模の大きさで群れを作ることを選択すれば、それを支えるだけのエサの種類やエサ場が複数必要になり、さまざまなロケーションで多彩な種類のエサを探す必要が出てくるということでしょう。

30cm のシロメバル

水深のある岩場でワインドジャークに反応したアカメバル

ブルーバックと呼ばれる美しい瀬戸内のクロメバル

●クロメバル　比較的表層を好み、群れの規模も大きく回遊性も高いタイプ

地方名で「青地」と呼ばれるほど背中が青緑色に輝く美しいメバルで、この青は保護色であるという説もあるほど比較的表層を好む傾向にあります。クロメバルに自ら「ブルーバック」と名付けた私はこの説に少なからず共感します。海中の岩肌や海藻の色に近いアカメバル。海底の砂泥の色に近いシロメバル。そして浅場で空の色を反映させるクロメバルはアジなどの青もの、回遊魚の性質を強く持ち合わせたメバルであるといえます。3種中群れの規模が最も大きく、その群れを支えられるだけのエサを求めて表層を広範囲に回遊する特徴はまさしくアジに共通するもので、彼らが肉食魚でありながらもプランクトンイーターの傾向が強いメバルであることを物語っています。したがって夜間プランクトンが群れやすい「明かり」にもっとも付きやすいメバルであり、アミパターンと呼ばれる常夜灯下でのパチャパチャライズの正体のほとんどがクロメバルであるのもその証明といえるでしょう。

【キーワード】3種それぞれに見合うメソッドとルアー選択①

SNSなどで発信されているメバル釣果の情報を見ると、ある特徴に気付かれるはずです。それは使用されているルアーのタイプです。私は仕事柄ほぼ毎日ツイッターやフェイスブックのメバルカテゴリーをチェックしていますが、アカメバルをプラグで釣ったという記事はまず見かけません。印象としてはアカメバル釣果のほとんどはワーミングによるもので、プラグでの釣果は1割程度です。

一方、アカメバルと正反対の性質を色濃く持つクロメバルではプラグによる釣果報告がとても多く、近年ではその割合が5割に達するほどです。しかも水面や水面直下をねらうためのフローティングペンシルやシャロークランクなどの使用が中心になっているのも、メバル3種の特性やそれらの分布構図など、地域特性にもかかわる非常に示唆的な事実であるのです。

メバル3種の特性がしっかりと認識できれば、当然その特性や食性に見合ったことをするべきなのですが、現状ではこのことに関して明確に記した攻略法などは、残念ながら未だほとんど見ることはできません。たとえば各メーカーから発売されているルアーの説明には「メバル用」と謳《うた》っているだけで、メバルの種まで特定するものではありません。しかし実際のフィールドでは使い分けを明確にしなければねらった釣果は得られないわけですから、初心者は大いに悩み迷うことになります。

仮に、生息するメバルのほとんどがシロメバルであり、さらにはフィールド条件が重なってメバルが浮かないポイントが多いエリアでメバリングを始めたとします。そして釣れるルアーを求めてウエブ検索すると、特に瀬戸内を中心とした西日本で人気のトッププラグが続々とヒットします。これはフィールド条件、メバルの種類、メバリング人口とその密度が原因で当然そうなります。実際のところ、メバル情報の多くが中国・四国から発信されたものなのです。

さて、メバリングをスタンダードなジグヘッドリグで始めた中部地方や東日本、東北に住む方は、「オレもプラグで釣ってみたい」「メバリング発祥の地で人気だからきっとすごいのだろう」と情報を元に入手します。しかしそれは現状、瀬戸内メバリングの代表種であるクロメバルに的を絞り、しかも常夜灯の下で浮いたクロメバルを攻略するためのフローティングペンシルやシャロークランなどであったりするわけです。したがって当然釣れません。しかし彼はこの構図には気付かず、「やっぱりメバルはジグヘッドにワームが一番」「プラグは難しい」という結論に至るわけです。しかも和歌山や伊豆や東北からの釣果情報を見ると、30㎝をはるかに超えるビッグサイズばかりがワーミングで釣られていたりしますから、なおのことその思いが強くなります。

ターゲットの性質を知らないとこういう落とし穴にハマりやすくなります。少し酷《ひど》い言い方をすれば、これらは無知から来る決めつけであり、それゆえに「メバルにはジグ単ワーミングが一番」という魚種全体にわたる固定化された捉え方に陥るのです。その結果、メバリングに限らず元来ルアーフィッシング全体の原理原則である「ルアーやメソッドは種の特性やフィールド状況に合わせるもの」といった柔軟な発想力が育たなくなるのです。

福島県遠征で手にした尺メバル

実例を挙げて続けます。

２０１６年９月に東北を訪れたときのことです。

かねてからフェイスブック

上で知り合いとなっていた凄腕現地アングラーと合流し、彼のガイドでポイントへ向かいます。彼自身は「日本一尺メバルを釣る男」という称号がよく似合うデカメバル・ハンターで、尺アップだけで軽く3ケタ超えの実績を持つ生粋のメバルクレイジーです。

私はそれまでの彼とのやりとりで、彼の地で釣れるメバルは90％がシロメバルであり、釣れるエリアの水深が10ｍを超えると聞いていたのでそれを踏まえ、ディープゾーンのシロメバルに見合うはずのヘビーシンキング・プラグやメタルジグ、メタルバイブなど、ウエイトのあるものを中心に入念に準備して臨んでいました。あえてハードルアーだけで攻略してやろうとの目論見です。

そしてくだんの彼はというと、例に漏れず今までに使用してきたルアーの95％くらいがワーミングであるとのこと。私にとっては己の理論を実践し、その効果・成果を確かめる絶好のチャンスです。なにせ「日本一尺メバルを釣る男」が一緒（相手）であり、一般的にプラグでメバルを釣ることは難しいといわれているエリアでの釣りですから、実験には最高のステージであったわけです。

結果はとても象徴的な釣りとなりました。

当日は夏の終わりで水温が1年間で最も高い時期でした。メバルは水温の高い表層には全く浮いておらず、底べったりのスローでいわゆる夏枯れになっていると想定される状況。

福島県の闇堤防でのプラッギング

案内してくれた彼も、「加来さん来る時期がマズイですよ」と嘆き、得意のジグヘッドにワームでさんざん探るも明快な応えが得られません。

そんな中、私は10gのメタルジグで沖合15mボトムのブレイクを探り当ててリフト&フォールで泣き尺（30cm寸前）をヒットさせ、その後も7・5cmのヘビーシンキング・リップレスミノーを使用したボトムジャークで尺アップを追加させるなど、彼を大いに驚かせました。私が用いた釣り方はいわゆる「リアクションバイト」を誘発させる手法で、食性よりも反射（攻撃本能など）に訴えた釣り方を展開した結果です。そしてこれは、ディープに潜む食い気の乏しいシロメバルを攻略するための私の戦略でもあったのです。

彼はその後大きく変わりました。ワームリグではなかなか難しいことがハードルアーでは簡単に果たせ、目の前で釣果を見せつけられたわけですからただ事ではありません。その日以降ものすごい密度でハードルアー釣行に取り組み、4ヵ月後にはとうとうシンキングプラグによるジャーキングで36㎝もの超がつく大ものメバルをゲットして報告してくれました。

今、彼は言います。ハードルアーの釣りを教えられてメバルの習性に対する概念が大きく覆ったと。豊かで変化に富んだ習性を捉えるにはワームリグだけでは完全に片手落ちであり、さまざまな種類のルアーを投入してこそ初めてベストが尽くせるものだったと。そして彼が変わったのは釣果面だけではありません。港内に群れる仔メバル相手でも、いろいろなルアーを駆使することで食性の変化を楽しめるようになったと。つまりルアーフィッシングの本来の面白さに目覚めた瞬間だったのでしょう。

【キーワード】3種それぞれに見合うメソッドとルアー選択②

もう2例ほど象徴的な事例を挙げます。どちらも巨アジを釣るために訪れた九州での出来事です。

1つは佐賀呼子エリアへ雑誌のアジングロケで行ったときで、当日はアジの寄り付き状態が非常に悪く、おまけに台風並みの暴風に見舞われ、ほとんどロケにはならない状況に追い込まれてスタッフは途方に暮れていました。私のロケがあることを知って同じ堤防に釣りに来ていた3人の現地アングラーも、20㎝あるかないかの小型アジがチョロチョロの状態。

そんな中、先端の明るい場所で海面をじっと観察すると、海面下20㎝辺りに10尾近い魚の影を発見。経験と直感で尺クラスを含む大型クロメバルの群れだと判断した私は、アジングロケを急きょメバリングロケに変更してくれるようにディレクターに申し入れをします。了承を得た私はカメラマン（VTR）に用意してもらい、強風を計算に入れてフローティングではなく、スローシンキングのシャロークランクを結びます。キャストした1投目、横風で群れの先頭にいる尺クラスのコースには入らなかったのですが、プラグを少し沈めてからのポンプリトリーブにヒットしたのは案の定26㎝の立派なブルーバック（クロメバル）。続いて28㎝までを3尾連続でヒットさせた後、プラグはズバリ尺がねらえるコースへ入り、アクションから風に乗せたドリフトでガツンと来たのは期待の31㎝クロメバルでした。

そして、実はここからが象徴的なのです。この一部始終を後ろで見学していた現地アングラー曰く、10年通っているが、この場所の先端でこんな大きなメバルが釣れたのを見たことがない、しかもプラグで釣れるところを見て非常に驚いたと。

これが地域の認識差（格差）です。広島であれば近年ではむしろ代表的なクロメバル釣りのパターンなのですが、アジング大国である佐賀や長崎では必然的にその延長で、メバルの場合でも底を釣るワームリグが主体となり、彼らは水面直下のクロメバルをねらうパターンを知らなかったのです。

次は長崎のケースです。テラ級（50㎝クラス）のアジを釣りに行った際に、私はアジをねらいながらも、堤防の先端から見える対岸地磯の岬周りのロケーションが気になって仕方がありませんでした。どうみてもアカメバルの大型が潜んでいる雰囲気でしたから。しかし地元ナンバーワンと称される友人アングラーにメバル情報を尋ねても、メバルをやる人が地元にはほとんどいないのでよく分からないと……。当然私は「これは釣れ残ってい

九州のクロメバル

るな」と考えます。しかし私は、自分が発信するメバル釣りはお手軽安全な堤防メバリングが使命だと勝手に思っていますので、釣れると直感しても磯には行きませんでした。ライフワークとしても仕事としても無意味に近いからです。

そして翌年、現地のもう1人の友人が連絡してきました。私の店で販売しているヘドンのザラパピー（メバルカスタム）を購入したが、どこでどういうふうに使えばよいのかと。私は即座にくだんの岬を地図で示し、釣り方を指示しました。

「水深1ｍ前後の大岩周りにキャストし、ルアーを引いてきて岩のそばで止めて待ってみてください」

果たして彼は33㎝を筆頭に、ペンシルでアカメバルの尺サイズを3尾連発するというほとんど聞いたこともない釣果を現実のものとしたのでした。

メバルの種とポイントの状況にしっかりとマッチングできれば、思わぬ釣果も得られるという実例をご紹介しました。しかしこの感覚は一朝一夕に得られるものではありません。やはりそれなりの研鑽《けんさん》と努力なしには到達し得ない世界であり感性なのです。

たとえば私（たち）のようにプロと呼ばれるポジションで釣りをしていると、「自分たちが行くポイントではあんなふうには決して釣れない」「釣れるものなら一度来て釣って見せてもらいたいものだ」という書き方をよくされます。これらの感想を持たれる気持ちは分からなくもないのですが、こういった感想を述べる時点でこの方たちはアングラーとして成長出来ないでしょう。なぜなら努力して釣れる場所やタイミングを見つけているアングラーは、決してこのような感覚を持たないからです。

釣りには地域的格差は必ず生じます。しかし各地の名手たちはそんな中でもベストの結果を出せるように努力して実践し、そのエリアにおける最大級の釣果を手にしています。そして釣果を得るための最大のバックボーンが「ターゲットの研究と探索」であり、その状況を踏まえて初めてターゲットを手にするための「釣技や釣具の研究」が始まるわけです。釣りの相手は決して他の釣り人ではありません。大自然とそこに棲む生き物が相手であり、また自身の能力と感性との闘いでもあります。つまり、なぜ自分が釣りをしているのか、どういう釣りをしたいのかと時折自身に問いかける必要もあるのです。人には欲も嫉妬《しっと》もありますから、ともすれば他人の釣果に振り回されて本来の目的まで見失いがちになるのものです。

さて、大まかにアジやメバルの基本的性質とそれに伴う実例などを語りましたが、どうでしょう。これらのことを知る前と後では、フィールドに立ったときのターゲットに対するイメージの枠が大幅に違っている（広がる）はずです。そして、そこから生まれる読みは、必ずどこかで成果を呼び込んでくれる大きな武器となります。

つまり釣りに必要な最初の要素は、キャストや操作のテクニックではなく、またルアーの種類やメソッドでもありません。まず相手を知ることであるはずなのです。そして、そもそもテクニックは釣れる場面においてしか発動できない、いってみれば小手先のものでしかないと知るべきです。釣果を上げるための最大の要素である「釣れるポイントや釣れるタイミング」を把握するには、相手のことを熟知しなければならないというのは自明の理でしょう。

釣りというのは意思や本能の反射を持つ「生き物」が相手の遊びです。したがってどこにいるのか、どうやれば相手に近づけるのか、どうやれば食わせられるのか、なぜ食いついてきたのかなどの答えを求める場合、そこに１００％正しい答えなどあるはずもありません。つまり釣り人が立てる仮説というのはあくまで推論であり、効率を高めるための手立てに過ぎません。しかし名手たちはその難題に正面から取り組みます。仮説を立て、それにしたがって攻略法を実践し、何度も繰り返しては再現性を求め、再現性の低い仮説は新たに修正して立て直し、また試すことを続けます。その研鑽の果てにこそコンスタントな成果が付いてきますし、成果がまた推論へとフィードバックされてさらに効率に磨きが掛かっていくのです。

Ⅲ

ルアーはメソッドを実現させるためのアイテム

アジ編【キーワード】ルアーの前にロケーションありき

アジングやメバリングに関して、次のようなニュアンスの言葉をよく聞きます。

「アジングには○○ワームが一番」

「メバリングには△△ミノーが一番」

などの銘柄信奉です。そしてこの固定化された概念もライトゲーム・フィッシングの上達を阻害する大きな落とし穴になっています。

最初に意識すべきは、「バイトゾーンへいかにルアーを送り込めるか」です。

そもそもルアーの歴史を辿ると、ある日釣り人が昼食時にボートの上からスプーンを落としてしまい、キラキラと沈むスプーンにマスが食いついたところから始まったり、湖畔で遊んでいたとき何気なくナイフで削った木片を水面に投げると、プカプカ浮いているだけの木片にブラックバスが食いついてきたことが起源だといわれています。これらは落下するスプーンのきらめきをマスが弱った小魚だと勘違いした結果であり、プカプカ浮かんでいる木片をブラックバスが水面に落ちた甲虫類と勘違いした結果なのです。つまり、ルアーはあくまでもエサの模倣であり、「エサの状態」を演出する道具にすぎないのです。

たとえターゲットが食べているエサの種類が単一であっても、その状態（水面付近にいたり水底にいたり）が違えば当然異なるルアーを選択する必要性が出てきます。

しかし、ルアーフィッシングの本質を知らないままに始めて、「○○がよく釣れるルアー」という情報だけに頼っていると、現場でとてもちぐはぐなことになってしまいます。結局ロケーションやシチュエーションに全く見合わないルアーを投入したあげく、あろうことか「いわれているほど釣れないじゃないか」と大きな勘違いをしてしまうのです。現状のソルト・ライトゲームにおいては悲しいことに初心者だけではなく、中級者ですら有名銘柄のネームバリューだけに振り回されている方をたくさん見かけます。

ルアーフィッシングではルアーそのものより、状況に見合ったメソッド（方法・釣法）のほうが順番として先にくるべきです。現場に立ち、ターゲットがどこにいてどんな状態であるかをまず把握しなければ何も始まりません。大まかに把握できたら次にターゲットのバイトゾーン（間合い）へルアーを送り込む方法を考えます。しかしこの段階では誰もがターゲットがどこにいて何を食べているか正確には把握できていません。そこでベテランたちはまずそのターゲットの食性に最大公約数的に見合った性質のルアーを投入します。これをルアー用語では「パイロットルアー」と呼びます。投入すべきルアーには多くの種類が存在するので、自分のパイロットとなり得るルアーをタイプごとにいくつか決める必要があるのです。

ルアーとロケーションの適合性に関してはまたいくつかの段階があり、さらにはターゲットの状態（食性・活性など）によって微細にアジャストさせる必要も出てきます。したがってここでもひとまずターゲットとなるアジの大まかな性質を整理します。

①アジングではボトムを釣るロケーションが多い。
②岩場や藻場よりフラットな砂泥底を好む。
③プランクトンが主食であるが、表層より底層で摂餌することを好む傾向にある。
④夜と昼とでは付き場が異なる。
⑤夜間は常夜灯周りが有利。
⑥小型よりも大型のレンジがより深い傾向にある。
⑦ハードルアーよりソフトルアーへの反応が非常によい。
⑧大型は肉食化する傾向も高い。
⑨マアジにもキアジとセグロアジの2種がいる。
⑩セグロのほうがよりアクティブな傾向にある。
⑪季節の回遊がはっきりしている。
⑫メバルよりはるかに深い場所にも生息する。

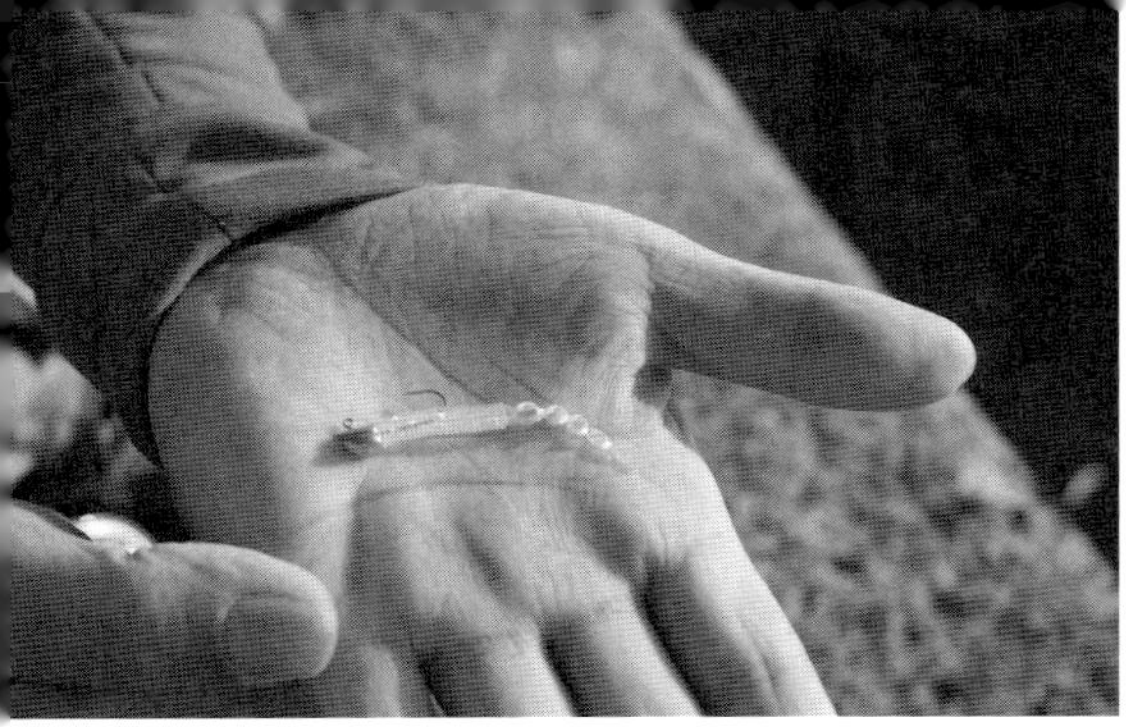

スタンダードなジグヘッドリグは典型的なパイロットルアーだが、重要なのはパイロットルアーはカテゴリーごとに存在するということだ

ベイトフィッシュにスイッチの入ったアジはどう猛だ

アジングは、数あるルアーゲームの中でもリグやメソッドの形が最もシンプルなゲームですが、それでも大まかなキーワードが12個も挙げられます。

まず①②③を考えると、使用するルアーはおおむねシンキングタイプのワームリグが定番となります。そしてヒットゾーンが近ければ操作性に優れたジグヘッド単体が一番有利ともいえます。しかし、ヒットゾーンが40ｍも60ｍも沖合であれば、リグを飛ばすためにはジグヘッド+キャロライナシンカーなどが必要ですすし、そのゾーンが水深が深いにもかかわらず、アジのレンジがボトムではなく宙層に出来ている場合などは、飛ばしてなおかつゆっくりと沈めるために浮力体を備えたキャロライナリグなどが必須となります。

これがロケーションにルアーを合わせるということの基本です。したがって○○リグが一番ということには決してならないのです。あるとすればそれはローカル特有の地理条件に見合っている場合です。

たとえば愛媛県南部の半島部などでは入り江の奥に養殖イカダがたくさんあり、盗難防止のために強力なサーチライトが一晩中点っています。アジはその沖合のイカダ周りに群れていて、岸から30ｍまでのシャローにはほとんど入って来ることがなく60～１００ｍもの沖合の宙層から表層に群れています。スローフォール・キャロライナリグはまさしくこの地でその状況を克服するために生まれたリグです。しかし広島や山口などのように、ヒットゾーンのほとんどが足下近くに出来るようなエリアではロケーションが全く違います。したがってスローフォールキャロは、ほぼ無意味となるのです。釣れないのではなく、効率にもとるということです。また愛媛県のそのポイントですら、雨が続いた後などには湾奥のシャローや河口部にアジが集まり、極軽ジグ単や、場合によってはプラグが当たりルアーとなったりするのです。

【キーワード】常夜灯下の釣りと闇ポイントの釣り

アジングは確かに「ナイトゲーム」「常夜灯周り」「極小リグ&ワーム」が有利なゲームですが、決してそれだけではありません。常夜灯が有利なのは夜間プランクトンの寄りが圧倒的によいからですが、季節やエリアによっては小魚や甲殻類、多毛類のほうがメインベイトとなることも多いのです。したがって常にルアーを決めつけず、ソフトルアーやハードルアー、動かすルアーや動かさないルアー、大きなルアーや小さなルアーなど、状況に対して柔軟にルアー選択ができるスキルを身につけなければベストは得られません。

たとえば太平洋側の和歌山県串本や、日本海側の島根県浜田市などのアジングポイントには大きな特徴があります。それは常夜灯の存在です。アジング発祥の地である瀬戸内では、漁港堤防には必ずといってよいほど常夜灯が点ります。それも1つの堤防に何本も付くほどです。しかし一方、瀬戸内以外の地では、港の外側に位置する堤防には常夜灯がないことが普通なのです。したがってこういう場所でのアジングは闇堤防や、雨後の場合は河口付近がポイントとなるのですが、明かりがないわけですからベイトはプランクトンなどではなく、藻に付くワレカラなどの甲殻類や河口に集まる小魚がベイトとなるケースが多いのです。

ということは、当然釣り方が変わってきます。ワレカラがベイトのときは藻際の宙層をスローに引けるように工夫しなければなりませんし、小魚がベイトのときは小型バイブレーションプラグやダート・ジグヘッドのワインドゲームなどが有効となるからです。

昼夜の差も大きな状況変化の代表です。

これはメバルにも当てはまることですが、昼夜ではポイントが異なります。同じプランクトンがメインベイトになっているタイミングでも、居場所が変わるからです。夜は確かに常夜灯にプランクトンが群がりますが、昼間はその必要がなくなります。したがって私はプランクトンが流れる潮流を探します。これを昔の先輩たちは「エサを運ぶ潮」と呼んでいました。つまり、その上流域にアミなどのコロニーがあり、砂泥底から抜け出て流れに乗って回遊を始めるのです。

この潮を探す1つのコツとして、潮色を見るということがあります。たとえば同じようなオープンエリアでも島の東海岸と西海岸で潮色が全く違うことがあります。これは、澄み潮は基本的にプランクトンがいない色であり、少し白濁したようなエリアではプランクトンが大量に流れていることから起きる差でもあるのです。

大抵の常夜灯ポイントで明るくなると釣れなくなるのはこういったことが背景となって

おり、決してアジは昼間に釣れないということではないのです。昼間に沖合のイカダ周りなどからサビキで釣ると大量に釣れることからも、このことが類推出来るはずです。

したがって昼の釣りではおおむねポイントが遠く深くなりがちですから、通常の常夜灯メソッドでは釣りになりません。たとえ夜と同じプランクトンがベイトであったとしてもメソッドやルアーは大きく変わります。これを読みの理論として身につけ、居場所さえ探し当てることが出来ればアジでもメバルでも昼間に釣ることが出来るのです。

私がよく取る方法として以下のようなものがあります。

たとえば今やアジングの聖地としてすっかり有名になった山口県の祝島のケースです。ここではナイトゲームとデイゲームで釣る立ち位置は全く同じです。夜は足下から沖合20m付近までがヒットゾーンですが、昼になると一気に沖合をねらいます。10～30gまでのメタルジグを使用し、60～100mも遠投して沖のブレイクを撃つのです。面白いもので、こういう釣り方をすると夜の群れとは違う習性を持つ一族（家族）が釣れます。祝島のケースでは、夜はセグロアジ、昼はキアジといった具合です。習性の項でも書きましたが、キアジは「瀬付きアジ」とも言われ、深場の岩礁を好む傾向にあり、その群れがフィッシュライクになる朝マヅメや夕マヅメの時間帯に効果的な釣り方でもあるのです。そしてバイトが遠のくと、今度は先述した「エサを運ぶ流れ」を探しに海岸線を観察しながら移動し、潮色（プランクトンカラー）がよく、流れのヨレが当たる岬周辺の内側ワンドなどを探して釣りを再開します。これが出来れば混み合う堤防を離れてひとり楽しむことも出来るのです。

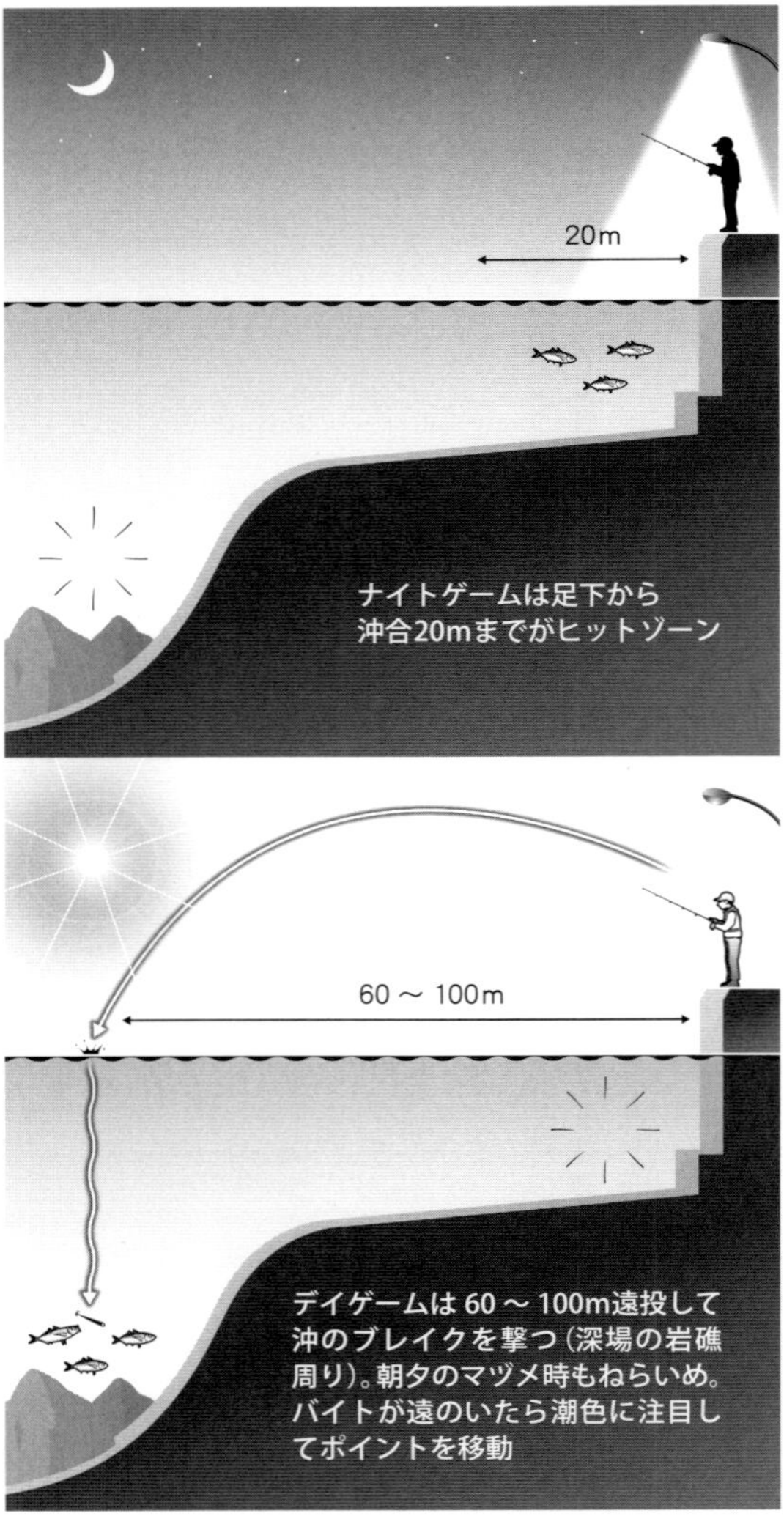
20m
ナイトゲームは足下から
沖合20mまでがヒットゾーン
60 〜 100m
デイゲームは60 〜 100m遠投して
沖のブレイクを撃つ（深場の岩礁
周り）。朝夕のマヅメ時もねらいめ。
バイトが遠のいたら潮色に注目し
てポイントを移動

【キーワード】フィッシュライクになったアジにはハードルアーを駆使する

アジがプランクトンや多毛類を食べているときは確かにワームリグが圧倒的に有利ですが、アジは知られている以上にフィッシュイーターになるタイミングも多い魚です。壱岐のキビナゴパターンしかり、富山や福井や和歌山の稚アユパターンしかり、そして瀬戸内のイカナゴパターンやシラスパターンなどです。これらのパターンで釣りをする場合、ワームリグも有効ではありますが、昼に限らずその状況になればメタルジグやメタルバイブ、シンキングプラグなどがワームリグを圧倒する場面はいくらでもあります。アジングがアミパターンを軸とした小型ジグヘッドに小型ワームで隆盛してきた関係で、ハードルアーの釣りはどうしてもマイナーな釣りになりがちですが、攻略法として常に意識していれば思わぬ大釣りを体験することが出来ます。

たとえば、通常のジグヘッドでも回収スピードからピタッと止めるストップ&ゴーのテクニックや、4~7gもあるダート系ジグヘッドを使用したワインド釣法もその「強い釣り」の一部なのです。つまりハードルアーの釣りも学べば、それをワームリグに適用して小魚を意識した釣りを展開できるようになるわけです。これらの釣り方は先述した壱岐や富山などで実際普通に行なわれているメソッドですが、決して一部地域のものではなく、どこであれアジがフィッシュライクになるタイミングは必ずあります。ターゲットの習性やルアーフィッシング本来の力を広く柔軟に捉え、状況に正しく合わせてそれを繰り出せば釣りはもっと楽しくなるのです。

マヅメにメタルジグを食ってきた 40cm 近いマルアジ

プラグが圧倒する日もある

メバル編【キーワード】レンジを制するものメバルを制す

メバルがプラグやメタルを筆頭にさまざまなハードルアーでも釣れるということは近年すでに常識に近くなってきていますが、やはりここでも問題になるのが銘柄信奉です。信奉自体は決して悪いことではありませんし、開発者をリスペクトしていることの表われでしょう。私にしても同様にラパラCDやヘドンザラパピー、トーピードには絶対的な信頼を寄せています。

しかしその前に、きちんと整理と理解をしておかねばならないことがあります。それがこの3章のテーマである「ルアーはメソッドを具現するもの」といった考え方です。決して「〇〇ミノーが一番釣れる」といった捉え方をしてはいけません。なぜなら、特にプラグ類は浮力や使用レンジや微細なアクションの違いなどの関係上、シチュエーションが変わったら一切通用しなくなるからです。だから巷《ちまた》で「あのプラグはあまり釣れない」と言われている一方で、同じプラグで弩《ど》級の釣果を上げているアングラーも出てくるわけです。しかしそれが何によるものかを考えない間は、「ウチらの地域ではあのルアーは通用しないよね」となり、これでは全く話になりません。これが「ウチらのポイントではあのプラグが機能する場面は少ないよね」ならば、ある程度合格となるわけです。つまり総論でいうならば、「釣れないルアーなど売られていない」のです。釣れない理由は、そのルアーがレンジや活性などの状況に合わせたメソッドに向いていなかったり、メバルにベイトと認識させるにあたって、そのタイミングでは「何か」がずれていただけなのです。

さて、「レンジを制するものメバルを制す」は私の造語であり、全くこれがすべてではないのですが、特にプラグでメバリングを行なう場合、レンジを意識するとしないとでは大きな差が出てしまうことは間違いない事実でしょう。メバルプラッギングにおいては、プラグが入っているレンジが20㎝違えば天と地ほど釣果に差が付くことが普通にありますし、本当にシビアなときはわずか5㎝のレンジ差で釣果が分かれたりします。そしてこれらの現象は海底ではなく、水面直下の世界においてのみ現われるのも特徴的です。

このシビアさに気付いたのは20年近く前でしたが、検証を重ねて間違いないなと思ったのは13年ほど前のことです。

当時、仲間内でメバルがよく釣れるプラグとしてブームになったある小型のシャロークランク（フローティング）がきっかけです。確かによく釣れるので頻繁に使っていたのですが、ある日の釣行でこのプラグがことごとく見切られました。とても常夜灯が明るくて水のきれいなポイントなので、見切られる様子の一部始終が丸見えです。フローティングクランクの対メバルメソッドは、ロッドで40㎝ほどサビいては止めるポンプリトリーブ（引いてアピールして止めて食わせる）という手法ですが、この日は反応するもののバイトに至りません。ブルブルブルブルと速めに引いて止めると、少し深い位置からメバルがシュッとかなりの勢いで現われるのですが、ことごとくプラグの寸前まで来ては一瞬のうちにターンをして戻っていきます。

レンジがわずかに下がった状況を攻略するためにシンカーを貼り、マイナーチューンを施す

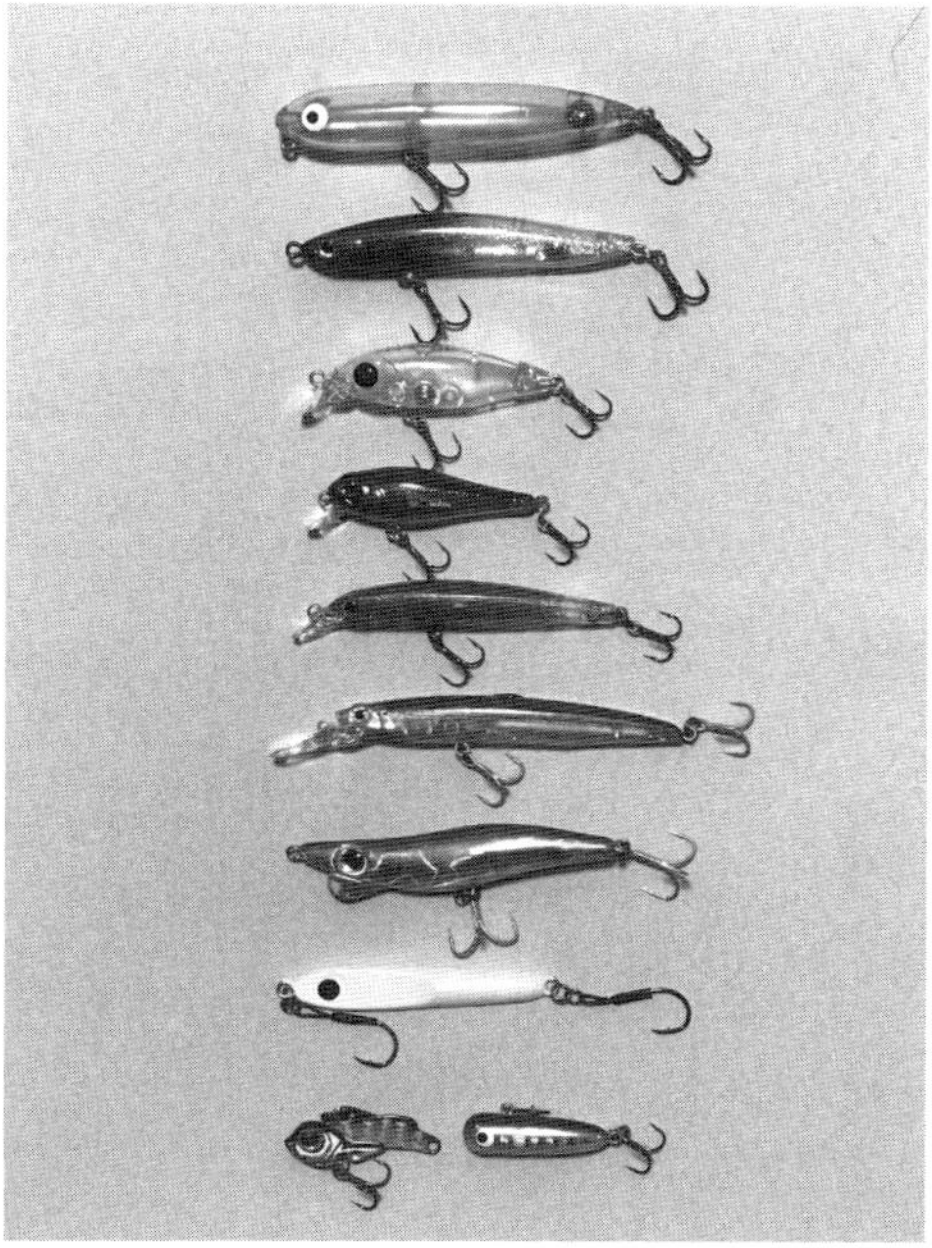

ルアーは水深に対して縦に揃えるべし

過去に何度も似たような目に遭っていた私は、こういう状況になったときのため（レンジを合わせるため）にと、板オモリをタックルボックスに常備していました。プラグのお腹に貼って喫水線を下げたり、さらに水面下へ少し沈めたりするのが目的です。そしてわずかに沈むくらい（サスペンドチューン）に調整してキャストすると、今度は一発で食ってきます。まぐれかと思ったのですが、そのまま4連発です。

そこで私は少し離れた場所で釣っていた友人に声を掛けました。

友人を呼び寄せ、プラグを見せて（シンカーチューンは隠して）連発していることを告げると友人も同じプラグに結び替えます。そして2人で肩を並べて釣るのですが、釣れるのは私だけ。あっという間に10対1くらいの差が付きます。ほぼ同じピンポイントにメバルがたくさん見え、2人で同じプラグを投げているにもかかわらず私だけ釣れるのですから友人もビックリです。友人から見るとキャストされた2人のプラグは、遠目にはほぼ同じレンジにあるように見えるので不思議がるばかりです。そこで種明かしをして、友人のプラグにも同じチューンを施してあげると途端に連発。このときのプラグレンジは水面下10㎝程度でのステイアクションでした。

ここで改めて意識しなければならないのは、使用したプラグは全く同じもの。同じカラー、同じアクションであり、違うのはステイさせたときのレンジのみであるという事実です。まああくまで1つの例にすぎないのですが、私自身もメバルのレンジに対するシビアさと攻略の糸口を明確につかんだ瞬間だったので鮮明に記憶に残った釣行でした。以来、私や友人のメバルに対するレンジ認識が変わったのはいうまでもありません。全く同じプラグを使って、ステイするレンジが水面と水面直下の5～10㎝でこれほどの差が出る事実をまざまざと体験してしまったわけですから。

　この日以降も同様な検証を続けましたが、ほぼ毎回、似たような結果を見ることができました。ストライクが得られるレンジ幅が広いときと狭いときの違いはあるものの、ドンピシャに合わせることが出来れば怒濤《どとう》のヒットです。これがプラッギングの面白さであり、ワームリグでは成し得ないレンジセットの釣りであると確信を得ることが出来たのです。

【キーワード】釣れないルアーは存在しない

銘柄信奉の話に戻りますが、釣れる・釣れないの差は大抵の場合、銘柄の差ではありません。レンジの違いを始め、続いて微細な動きやフォルム、カラーの違いも大きく影響しているのです。メバルの場合（特に水面付近の釣りでは）、まずはレンジが非常に重要であり、たとえ同じ銘柄・同じカラーのプラグでも、レンジが違えば釣果に大きな差が出るのはとてもよくあることです。しかしメバル釣りの面白さと深さや複雑さはここからまだ先にあります。

たとえば、前項の水面下5㎝でステイさせて大きな釣果が得られたプラグと全く同じレンジに、似たような他の銘柄のプラグを入れたとします。しかし釣れない。レンジは合っているはずなのに……。こうなるとアングラーは「一体何が違うのか?」と大いに悩みます。そして深く考えない人は思考が短絡化され、ともすれば「やっぱり〇〇メーカーの△△ミノーが一番釣れる」と間違った銘柄信奉に陥ります。

ではなぜ間違いだと断言するかですが、私自身何度も違う銘柄を同じセッティングで投入し、「優劣の逆転」を経験しているからです。私もルアーに親しみ始めた当初はずいぶ

フローティング、サスペンド、シンキング、ヘビーシンキング。見た目は同じだがレンジもアクションも異なるルアー。当然、使用上の意図も異なる

ん多くのことに関して間違った考えを持っていました。大釣りしたルアーにいたく感動して、「〇〇釣るにはコレが一番！」と短絡的に信じ込んだのです。しかし、その後長年に渡って今日までさまざまな実釣と検証を続けていくと、おのずからソレは間違いだと結論せざるを得ない釣果を何度も目の当たりにしてしまいました。これらの実例をこと細かに挙げるとそれだけで膨大な量となるので、割愛して次に分かりやすくフローティングペンシルプラグのケースで説明します。

仲間内でも一般的にも「メバルに一番」とされるペンシルAと、「メ

バルにはダメ」だと烙印を押されたペンシルBを、本当にそうなのかと何度かに渡り釣り比べてみました。すると確かに確率的にAのほうがよく釣れる場面はあるものの、不思議なことにBで非常によく釣れるケースではAはあまり機能しないのです。

この事実は、ペンシルBは駄目ルアーなのではなく、ある一定の状況下で強く機能するように作られていたということを物語っています。つまり「アングラー側が投入場面を間違った」ということなのです。そこに気付かねば奥行きのあるルアーフィッシングの境地や、ルアーの作り手が意図した世界観には到底到達できません。特に歴史の波の中を今日まで生き抜いてきたオールドルアーと呼ばれる猛者たちには、その「何か」が潜んでいると思うべきなのです。

繰り返しますが、ルアーフィッシングというのは特に米国のバスフィッシングを軸とした長い歴史の中で揉まれ、高濃度にターゲットそれぞれの微細な習性に合わせて作られています。したがってその基本を理解しないままであれば、ロケーションに本当に見合ったセレクトと投入はとうてい出来ません。そして愚かなことに駄目ルアーの烙印《らくいん》まで押してしまうことになるのです。

あなたが本気でより高度なルアーフィッシングを楽しみたいと願うなら、勉強すべきはまさにソコにあるのです。

【キーワード】フォルムとアクション

　ここまでメバルを例にとり、ハードルアーであるプラグでの問題点を語ってきましたが、ターゲットがメバルやアジに限らず、ルアーフィッシングをする以上は基本的に知っておかねばならないことはたくさんあります。その1つであるレンジについての認識はすでに説明しましたが、ルアーのフォルムも非常に重要で複雑な側面を持っています。

　プラグやメタルルアーにもいろいろな形があります。それらの多くはねらった動きを実現するために考えられたものですが、ソフトルアーであるワームには、さらにこの点で複雑に作られているものが多くあります。細長いもの、丸っこいもの、平たいもの、浮くもの、沈むもの、一部分だけ浮くように作られたもの、などなどです。そして我々アングラーは、それらのルアーをターゲットの種類やあるいはベイトの種類に応じて使い分けを試みるのですが、どうしてもこれらをヒト目線で見てしまい無意味で誤ったこだわりを持ってしまいがちです。

　ルアーフィッシングの偉大な先達であるヘドンの創設者ジェームス・ヘドンが、100年も前に次のような言葉を残しています。

「バスを始めとしたゲームフィッシングにおいて、ベイトにリアルに似せたルアーなど何の役にも立たない。確かに見た目がベイトそっくりのルアーであれば分かっていないアングラーを釣るには効果的であろう。しかしターゲットのバイトを誘発させるという意味においては、形がリアルなルアーは何の意味も持たないと断言できる」

どうでしょう。誰にせよコレは身に覚えがあるはずで、いかにも我々近代のルアーマンには耳に痛い言葉です。なんと実に100年にも渡って愚かな間違いを我々アングラーは繰り返し続けているのですから。

さて、素晴らしい教訓を得たのであれば早速実践に活かすべきでしょう。「なぜこのルアーが効果的なのか」と考えたときに、バイトを呼び込む要素は見た目のリアルさではなく他の部分にあるということの裏返しをジェームスは言っているわけですから、なぜルアーで釣れるのかを改めて見つめ直せばよいだけの話です。

本書は「釣れる釣り人になるための思考法」を指南することを目的としています。したがって本書では、釣れる銘柄や釣れるルアーなどを短絡かつ具体的に挙げることは基本的にいたしません。そんなものは付け焼き刃に過ぎないからです。そして付け焼き刃は、即座に闇雲な銘柄信奉やメソッド信奉につながり、自分で考えて状況に合わせていくという、釣りに本来必要な根源的能力の発達を間違いなく阻害します。

ではフォルムやアクションについて具体的に考えてみます。

ルアーのフォルムを語るうえで案外認識されていない事柄に「自動」と「他動」ということがあります。ルアーは生き物を模しているわけですが、生き物は自分（自動）で動きます。主にプラグ類が模している小魚を例にとると、推力は自力であり、それは尾ビレを主軸に発生します。つまり自動車でいうところの後輪駆動です。そして方向等は胸ビレや腹ビレでコントロール出来るようになっています。しかしルアーは自分で尾ビレを動かすことは出来ず、ヒトが引く「他動」によって初めて動きます。したがって、推力の基点は自動車でいうところの前輪駆動に近いものとなります。ごく当たり前の物理ですが、意外にフォルムに関してこのことを真剣に考える釣り人は少ない。そして、ここにこそジェームス・ヘドンが言うところの「リアルなフォルムはバイトを呼び込む要因とはなり得ない」の実態があるのです。

80 年も愛され続ける続けるルアーたち

誰もが一度は思いつくことですが、カタクチイワシなど実際の小魚を型にとって成型し、カラーリングも超リアルに再現したとします。しかしこれでは釣れません。なぜならそのフォルムは自動推力を効率化させた最善の形であり、他動で引っ張ることによって初めて動き出すルアーの形としては物理的に間違っているからです。つまりルアーのアクションや機能を考える場合、外力によって初めて応力ベクトルが発生し、そのバランスを利用することでベイトの動きを再現しているものである以上、リアルなフォルムというのは無意味に近いものでもあるのです。

そして、そもそも魚類の脳は小さく、物体のディティールをきちんと把握できるほど高度には発達していません。彼らがエサと認識するに至るにはフォルムのリアルさより、大まかなシルエットや、そこから起きうるアクションや形状から発生する波動などのほうがはるかに重要なのです。

それらのエッセンスを充分に考慮して作られているのがルアーなのです。

たとえば私はヘドン社が１９３０年代に発表した、タイニートーピード（魚雷）と名付けられたシングルスイッシャーのトップウオータープラグを好んでメバリングに使用しています。このプラグは、メバル用にフックなど少しだけ手を加えることによりとても素晴らしい釣果を与えてくれます。それはときとして近代のルアーメーカーがメバル専用に作った物をしのぐほどの力を持っているのですが、この魚雷を短くしてずんぐりむっくりさせたような形のベイトは自然界に存在しません。

ではなぜメバルはこんな物に食いつくのでしょう。ここにこそ、まさしくルアーフィッシングが何であるかの答えがあると私は常々思うのです。

富山ホタルイカパターン用のプラグを瀬戸内で使用する

話を一旦整理いたします。

誤解して頂きたくないのは、私は単純に「リアルなルックスのルアーはイケない」と言っているわけではありません。プラグなどは特に工芸品の趣を持つものもあり、所有するだけでも喜びを得られます。そして釣りは文化の一部でもありますから、「コレで釣りたい！」と思わせる美しいルアーや可愛いルアーの存在はとても重要だとも思っています。しかし、ルアーとルアーフィッシングの本質を学ばなければ、「釣れる理由」が理解できないままに話題に上ったルアーや新製品に次々と飛びつき、その割には実績を上げきれないまま、タックルボックスの肥やしとなってしまうことを懸念しているわけです。

重ねて言いますが、ハードルアー、ソフトルアーそれぞれのカテゴリーで私が思う優秀なルアーを羅列するのはとても簡単です。しかしそれは単なる知識に過ぎず、実践で的を射た使用が出来ることにはなりません。

釣りの技術は応用力です。それも現場で直感的に判断しなければなりません。そのためには自然や気象や地理、そしてターゲットのさまざまな性質を知ることから始まり、ルアーの基本を学び、ロッドやライン、フックなどリグの本質も知らねばならないのです。直感力というのはそのうえでしか得られない類いのものなのです。

Ⅳ

上達のための超思考法

「釣り頭」を作るために

私は立場上、釣り場や釣りセミナーでよく質問を受けるのですが、思うように成果が上がらず悩んでいる方に逆に質問を返してみると、大抵釣りや魚だけではなく、生き物全般に対して想像力の部分に共通の固着した観念が見られます。それは理解力や知力の低さが原因ではなく、またご本人が意識的に決めつけている類いのものでもないと思うのです。恐らく幼少時の生活環境（家庭での指向性や嗜好《しこう》性など）が原因で身についた、ある種後天的な思考形態なのだろうと感じています。

釣り上手な人に幼少時の話を聞くと、ほとんど決まって異常に虫が好きだったり、じっとしているのが苦手でいつも野山や川で転げ回って遊んでいた傾向が強いのです。こういった幼少時代を過ごした人が釣りにハマると、総じて上手くなります。こういう子供は常に自然に対して正面から向き合った行動形態を取るので、必然的にいつのまにか失敗を含む経験が積み重なり直感力と想像力が身につきます。ただしコレはあくまでも「生き物を捕らえる」とか「運動に長けている」という面での基礎能力の発達ですので、そこのところ誤解のなきようお願いいたします（笑）。

人に釣りを教えることが多い立場の私は、この問題に対してどういうふうに対処すればよいのかずいぶん悩んだものです。医学博士になるほどIQの高い人物でも、どうも魚や釣りに関する事柄には知力や想像力が上手く活かせないようで、それが原因でこの人は釣果が上がっていないなと感じさせられることが実に多くあります。しかし、同時にちょっとしたきっかけでスイッチが入り、突如開眼してその後みるみるうちに上達し、私などを軽く超えて名手クラスのアングラーになった、というケースもいくつか見てきました。

では教える側の私としては、この「きっかけ」を偶発的なものではなく、自発的かつ再現性のある「方法論」として確立すればよいなと気付いたわけです。

それが、私が言うところの「釣り頭を作る」です。非常に抽象的に聞こえるかもしれませんが、結果から見れば「釣り頭」を持っている人と持っていない人では明らかに伸び方が異なります。なぜなら一旦「釣り頭」になった人にはもう教える必要がないからです。自分でどんどんさまざまなことを吸収し、実践して上手くなっていくからです。こうなると先天的に知力や運動能力を高く持って生まれた人には敵《かな》いません。あっという間に置き去りにされます。「背負った子に道を教わる」の図です。

では、私が自身の上達のためにも常に用いているある方法をご紹介していきましょう。それは徹底した置換法なのです。

【キーワード】ヒトも生き物、魚も生き物

●思考を柔らかくするための置換法

私は釣りに限らず、物事の解決、もしくは他人にアドバイスをする際によく置換法を用います。人は対処や解決や攻略に窮《きゅう》したときには決まって頭が回らなくなり、柔軟な思考や発想が出来ずに問題点ばかりが頭の中をぐるぐると駆け巡ります。そしてこんな状態から脱出するために、人はちょっと旅行に出掛けたり釣りに行ったりします。つまり環境を変えて頭の中を一度リセットするわけです。そこで私は釣りに関してコレを応用し、攻守を逆転させてみました。つまり取引先や上司や彼女や嫁との関係など、通常生活での出来事やヒトとの関係性を「釣りや魚に置き換えて考えてみる」のです。するととても面白い。今まで考えつきもしなかった攻略や解決への糸口がはっきりと見えたりするのです。

この発想転換のきっかけは30年ほど前の出来事にありました。

ある日、20歳の青年が私に彼女の作り方を教えてくれと言ってきました。とても困りました。作り方なぞ知りません。教えるほどの蓄積などあるはずもなく、彼女を作った経験もその時点で5回くらいしかないわけですから。そのとき私が瞬間的に行なったのはイメ

ージを釣りに置き換えることでした。彼女を魚に置き換えるなら、わずか5尾ほどしか釣っていない（失礼！）わけですから語れることなどありませんが、メバルなら話は変わります。この時点で数千尾？　と自分でも覚えていないほどの実績を上げており、コレなら語れます。だから私は自信の持てる釣りに置き換えて彼にアドバイスしました。

「あのねえ、どんな彼女（魚）が欲しいの？　だいたいタイプ（魚種）別に固まっているからね、まずそこへ通わなければチャンスは少ないよ」

「でね、どうアプローチ（ポイントへの入り方）すればその子が怖がらずにこっちを向いてくれて、何（ルアーやエサ）をプレゼンテーションすれば興味を示してくれるか、そこから研究しようよ」

こんな具合に話を進めました。そして我ながら上手い比喩《ひゆ》でアドバイスできたと納得すると同時に、「あ、この置き換えは逆に釣りに利用できるぞ」と気付いたわけです。私が物事を考えるときに置換法を用いる癖が付いたのはこのときがきっかけだったようです。

そして月日は流れて現在、どうやったら釣れるのかと問われたときに、私はこのセンテンスをひっくり返してお話ししています。

「どんなメバルが釣りたいの？」「どんなメバルが釣れているの？」「15㎝から19㎝？　あ、そりゃ君、小学校にしか行かないからそういうことになる」「女子大生を射止めたいなら女子大に行かなきゃ」「小学校では大人の女性（先生とか）がいてもせいぜい数人でしょ」「つまり基本的にそういうことなんだよ」と。

かなり乱暴で無理があると思いますか？　私はとても分かりやすく、どんなことにも応用の利く思考法（置換法）だと思っています。実際私自身は置換法で釣りや魚のことを考えるようになってから、ずいぶん魚の行動パターンが読めるようになりました。結局ヒトも魚も同じ命、同じ生き物だから行動契機や個性の在り方は同じであると気付いたのです。

さて、では本格的に魚をヒトに置き換えて話を進めてみましょう。

ヒトも魚も命である以上その行動は本能に支配されており、群れを成す動物であれば、必ず群れの原則や構図というものが必然として生じます。小学校では小学生35人に対して大人１人の割合でグループ（クラス）が構成されていますし、幼稚園では園児35人に対して大人２人の割合となり、保育園では園児５人に大人１人の割合です。これは群れを成す動物にとっては種族保護のための必然として出てくる構図です。決して知能が高く文明が発達した人類だけが編み出したものではありません。群れで生活する動物にはこういった「社会性」が必ず生まれます。それなしには群れの維持が出来ないからです。

仔魚は比較的安全に摂餌しやすい小さなエサが豊富に供給される場所（環境）で、固まって生活します。というよりも、そもそも親魚はそんな場所でしか産卵をしません。そして大きくなるにつれて、よりエネルギー効率の高い大きなエサを求めて、多少の危険を冒しても外海（社会）へ泳ぎ出ます。その結果、多くは荒波に揉まれて命を落としたり、他者の餌食となって群れの規模が小さくなります。しかし、その中で生き延びて次の子孫を残し得るまで大きく育つ個体は、総じて体力や知恵に優る優秀な個体でもあります。

以前、カタクチイワシの行動を見ていて気付いたことがあるのですが、大きなカタクチイワシの集団を青ものや鳥が襲い、群れは逃げようとして必死の行動を取りますが、その中で逆立ちするように頭を上にして水面でくるくる回り出す個体が数パーセントいます。最初は鳥に突つかれて傷ついているのかと思いましたが、よくよく観察するとどうもそうではありません。普通に泳げるヤツが突然そういう行動を取っているのです。これはどうやらカタクチイワシが集団（一族）の大多数を守るために、一部の子孫にスケープゴート（生け贄《にえ》）となるDNAを与えているのではないかと思えるのです。

また、水族館の大水槽でイワシの群れを観察していたときにも発見がありました。イワシの群れは大魚の動きなどをきっかけに一斉に向きを変えます。それも、決して先頭の動きに合わせるのではなく、コンマ数秒の誤差もなくバッと向きを変えるのです。そうやって大水槽の中をぐるぐる回遊したり、バッと向きを変えたり、散ったりするのを1時間も観察していると重要なことに気付きました。どんなに群れが動こうと、外側にいるヤツは外側に、中心にいるヤツは中心に位置取りをしているのです。つまり食われる運命にある個体と生き残る運命にある個体は、ある程度最初からＤＮＡに組み込まれているのではないか……。ヒトに置き換えて考えると何やら物悲しくなってくる命の摂理ではあります。

ともあれ、食物連鎖の最底辺にいるイワシはともかくとしても、ピラミッドの頂点に君臨して生活する動物である「ヒト」の社会構図をそのままアジやメバルに当てはめても共通項は多く見つかります。しかし多くの釣り人は、「魚は魚でありヒトとは違う」という潜在的な決めつけを持っているから置き換えが出来ないのです。

●グループや個体差による食性の違い

長年釣り人としてメバルを追いかけ続けてきた私は、ふとそのことに気付いたある日を境に、１つの妄想に近い推測を立てざるを得ないメバルの釣れ方を何度も経験しました。それは、「個体や群れで極端に食性が違うことがあるのではないか」という推測です。たとえば、流れてくるアミばかりを食べているグループと、小魚や仔イカばかりを追いかけているグループの存在です。

それは地元の長らく通っている堤防での出来事です。30年ほど前までは本当によく釣れました。行く度に25㎝を超す大型メバルだけでクーラーがいっぱいになる、秘蔵のポイントでもありました。それが近年（この10年）は枯渇し、現在の瀬戸内の平均的感覚である「25㎝が釣れれば大喜び」というのが現状です。とはいえ現在でもよく釣れるポイントには変わりはないので毎年通っているのですが……。当日、レギュラーサイズをポツポツ釣っていると、いつものリグではとうてい届かない沖合本流の真ん中で、突如大きなライズが頻発し始めたのを発見しました。しかし、よほど注意深く見ないと明かりが届いていない距離なので見逃すようなライズです。

早速ジグヘッドを届くレベルの重さに替えてキャストし、流れに乗せながらリトリーブするのですが、食ってきません。レンジが合っていないと判断した私は飛距離の出るミノ

水面近くでイカナゴを追っているクロメバルは、自分の体長の 2/3 もあるプラグでも果敢にバイトしてくる

本流ディープボトムでのフィネスなジギングで釣れたシロメバル

ーに結び替えます。これも食わない。ここで経験上巻いたら食わないタイミングだなと思い、今度はバス用のフローティングペンシルを結んでキャストします。巻かずに潮に乗せてプカプカと流すと、バシャッと音が聞こえるほどのアタックも残念ながら乗らず。そこで腹部に3gほどのシンカーを貼って水面下20㎝ほどでサスペンドするように浮力調整したミノーに結び替え、一旦潜らせておき先ほどと同様に潮任せで流すと、いきなりリサオ先をグイッと引っ張られるようにしてヒット。流れに乗ってグングン下る魚を何とか寄せてキャッチすると、このポイントではまず見られなくなった28・5㎝もある大メバルです。

そこから立て続けに同クラスが2尾ヒットしました。対応できるルアーを持たず、真横でその様子を見ていた友人に私のヒットルアーを外して渡すと、これもまた一発でヒット。しかし友人のタックルは小型メバル対応の軽量ジグヘッド用ラインセッティング（フロロカーボン2ポンド）であったため、あえなくラインブレイク。それが終了の合図であったかのように沖の本流は静まりかえり、釣れるのはショートレンジにいる、いつものレギュラーサイズの群れだけ……。

その後も私は他のポイントでほぼ同様のケースに数度遭遇しました。共通項は沖の潮流の中で、水面直下でしかヒットが得られないこと。リトリーブでは食わずナチュラルドリフトでしかアタックを得られないこと。いずれも尺近い大ものであること。さらには、いずれも時合が短く長くて1時間、短いときは20分程度という共通点。つまりこれらは通常のメバリングメソッドであるジグヘッドにワーム、リトリーブやカーブフォールでは釣れない魚がいるという事実であり、その個体あるいは群れは、いつもそういった捕食傾向にあるのではないだろうか……。だから釣りきられず（知られず）に生き残って大型になっているのではないか？　私はそう推測しました。

同じ日に足下表層からはクロメバルが出た

またある日、縁あって日本でもトップクラスのフライフィッシングの名手と会談した折にその話を持ち出し、いつも水面直下でしか食わない魚の存在に関して質問すると、名手は「居《い》る」と断言しました。「フライフィッシングではむしろ通常のことでもある」「徹底したキャッチ&リリースの釣りだからこそ明確に分かりやすい」と。

ある川のトップクラス・サイズのトラウトは、同じポイントでタイミングを変えて何度挑んでも、季節が変わっても、反応するのは水面に浮かぶドライフライではなく、完全に沈むウエットフライでもない、水面直下に背中を付けて流れるようにサスペンド調整したフライのみ。しかも同じレンジ、同じコースを精密にナチュラルドリフトさせないと食ってくれない。そう名手は言いました。

私の中で、これまでいくつか抱え固まっていた疑問符が一気に雪崩を打つように氷解した瞬間でした。水面直下メバルのケースだけではありません。堤防の先端からわずか100m先に棲む群れがなぜ堤防の明かりに寄らないのか。牡蠣打ち場前のポイントでいつも表層は小メバル、ボトムは大メバルという現象、しかもリグをボトムから離すと釣れない理由。充分なサイズなのに明かりの下でプランクトンばかりねらっている個体。逆に群れのほとんどがアミばかりを食べている中、小魚にしか目をくれない個体。これらを擬人化して置き換えると、命やDNAが持つ1つの側面が明らかに見えてくるのです。つまりそれは「メバルのすべてが同じ行動様式は取らない」ということを意味します。

進化の過程でヒトの血液型が何種類かに分かれた理由を、学者はウイルスやバクテリアの脅威から種を守るためにDNAレベルで行なわれる種族保存の対抗手段だと述べています。A型の血液型だけではある種のインフルエンザに感染しやすく、そのままでは絶滅する危険性が高くなるので、種を残すために保険としていくつかのタイプに分かれて進化したというようなことです。皆が皆同じ食性や行動様式を持てば、特定の敵や脅威に対して対抗手段が取れず絶滅する恐れがあるのですから、当然ともいえることでしょう。

【キーワード】家族（群れ）単位で変わる行動様式や食性

さて、改めてこの置き換えをメバルに当てはめて釣りを続けると、どんどん面白い特性が見えてきます。それは個体の特性の前に存在する家族の特性です。

まず前述した水面直下へ入ってくる大メバルは、くだんのポイントにいつもいるレギュラーサイズのメバルとは血統が違うと考えます。ここで仮に、居着きに近いレギュラーサイズの群れを「鈴木さん家族」とします。鈴木さん一家は平凡なサラリーマン家族です。毎年春時期に一晩中開店している回転寿司屋（明かり付き堤防）が大好きです。そこに行きさえすれば安定してアミや小魚が食べられるので、先祖代々そこをエサ場としています。そして今夜もファミリーシートへ皆で座り、次々回ってくるエサを待って食べます。

一方、ある種のベイトに固執して本流の中へフィーディングに入ってくる大メバルの群れを「織田さん家族」とします。こちらは食通で狩り好きのアスリート一家です。したがって旬の獲物ばかりを追い続けますから回転寿司屋系には入りません。もっとワイルドなゾーン（この場合本流の中で自分たちが見つからない少し深い場所）に身を潜め、獲物が頭上を通過するとき猛然と襲いかかるスタイルの食事が好みなのです。

またたとえば、山の手に住む住人と下町に住む住人でも常食メニューが違うと想定します。山の手の住人は表層直下を流れてくるアミやゾエアなどの微少浮遊生物をゆっくりお上品に食べますし、下町の住人は砂泥底でゴカイを、岩盤帯やゴロタではカニやエビを、底で動くものなら何でもガツガツと襲って食べます（あくまで想定です。私などは全くこの部類です、笑）。

それから都会（人工の明かりがある港湾部）の住人と、田舎の（沖の根で暮らす）住人にも分かれます。都会人は深夜でも起きていて賑やかな場所でパーティーなどをします。一方、田舎暮らしの住人は日の出とともに目覚め、日没とともに寝床へ向かいます。

これらのたとえをそのまま、目の当たりに感じた具体例があるのでご紹介しましょう。

島根県のとある小磯ポイントですが、ここではほぼ夜明け前後しかメバルが釣れません。晩秋から初夏にかけて10数回行っても、いつも同じ時間帯しか食わないのです。夕方から始めて一帯を数人で一晩中打ち続けても豆メバル1尾当たらないのに、山の稜線がうっすらと白み始める朝の時間帯になると決まって爆釣です。それも尺クラスが連続でヒットするのですが、明るくなり始めると同時に活性はどんどん下がり、普通の明るさになるとピタッとアタリが止まります。

このようにヒトの社会性や個性や一族の傾向などに当てはめて考えると、非常に推理が

明かりのない堤防では朝夕のマヅメにしか釣れない家族もいる

明かり付き堤防のクロメバルは「都会の住人」

楽になります。ねらうべき場所や時間帯、レンジまである程度想定できてしまうのです。

○○家に生まれた子供（小魚）たちはその属性というか、一族の個性を強く持って生まれてきます。さらには行動範囲や好むエサの種類、摂餌の時間など、おおむね親の影響をそのまま受け継いだ生活様式が主体になります。そして体力や体格などもＤＮＡによって形成されます。魚はヒトと違って死ぬまで成長を続けますから、体格成長の面ではヒトと同じではありません。しかしそれでもＤＮＡというのは一定の様式で受け継がれるので、やはり大きな親から生まれた子は大きく育ちやすいし、小さな親から生まれた子は大きくなりにくい傾向にあります。これは養魚場などのデータなどから見ても結構明らかな事実です。したがって養殖業者は大きな親の卵やその家系をとても大事にします。早く大きくなって早く出荷できることで経済効率がとても上がるからです。

関連して少しだけ話は逸れますが、大きな個体はリリースして小さな個体（あくまで成体）なら数を制限して持ち帰るということをレギュレーションとして設定し、アングラーが励行すれば、そのエリアでは何十年経っても大きな魚が釣れ続けます。アラスカやカナダのキングサーモンなどがそれに該当します。日本で獲れるマスノスケはアラスカのユーコン川やナクネク川水系で釣れるキングサーモンと同種ですが、あれほど大きくはなりません。種は同じであってもＤＮＡが違うからです。もちろん川の規模やエサの豊穣さが一番大きな理由ではあるでしょうけれども、それでも「大きくなる」というＤＮＡはよほど何かがない限り受け継がれます。

【キーワード】同一家族でもそれぞれ違う個性

さて、では○○さん家に生まれた子供は一律に育つのかといいますと、命というのはこれがまた面白いものでクローンのようにはいかず、生活範囲や行動様式はほぼ同じであっても、性格や好みはまた一人一人の個性に彩られてきます。そしてお魚さんも全く同じなのです。1尾の母メバルが産み落とす3000尾ほどの仔メバルたちは、おおむね似た傾向はあるものの、どれも全く同じというわけではありません。活発な子もいれば大人しい子もいるし、はしこい子もいればおっとりした子もいます。

そして我々アングラーが最も理解しておかねばならないのは、その子たちの食の好みや、エサの違いによる食べ方の手法や、摂餌（狩り）の能力（方法）の傾向です。このへんは食事時間になれば毎回努力なしに親から安全な食べ物を与えてもらえるヒトとは大きく異なります。野生動物の子供たちは自分の能力でエサを探し、そのエサが安全かどうか自分の能力で判断して食べなければなりません。

だから釣り人は悩み、考えます。

たとえば瀬戸内の常夜灯付き堤防でメバリングをします。潮位が上がり、潮もゆったりと動き出す頃にメバルがだんだん集まって浮いてきて目視できるようになります。この頃になると群れ全体がフィーディングモードになっているため、パイロットルアーをキャストすると比較的イージーに釣れます。しかし、そんな中でも群れの中の半数は知らんぷりだったり、反応してもすぐに見切る個体がいます。そしてそれが群れの中でも比較的大型であるケースが多いのです。

これを個体の個性だと捉えるのです。

これらの個体は慎重な性格でもありますが、一方で好みが激しいのだとも考えられます。そしてパイロットルアーが1g程度のジグヘッドにワームや、小型のシンキングミノーを使用し、メソッドは代表的なスローリトリーブだったとします。これらはメバルの最大公約数的好みに合わせたもので、群れの大多数の個体は適正なレンジやコースに入れてやりさえすれば食ってきます。しかし反応しないヤツが少数ながらいる。そこにたとえばメバル用としては比較的大きなフローティングペンシルを流すと一発で食ってきたり、フォールスピードの速いジグや、ジグヘッドでも5～7gなどの重いルアーを使った縦の釣りを展開すると連続でその手の個体が釣れるのです。

こういった現象が何に起因するものか、本当のところは分かりません。しかしヒトに置き換えて、それぞれの個性の問題だと捉えることによって意外に攻略の道が開けるのです。

次にこのことを家族や一族単位で考えるのではなく、種族で考えるとまた違った側面が見えてきます。

我々ライトゲームアングラーにとって、メバルとともに2大ターゲットであるアジにこれを当てはめて考えてみると、メバルよりはずいぶんと素直な性格を持った種族だということができます。アジはメバルほど個性の違いが強く出ないのです。比較的、一律にお食事タイムに突入し、群れのほぼ全体が同じエサを粛々と食べ、時間が来れば粛々と平常モードに戻ります。中には厄介な性格で到底釣り人の手に負えない個体もいますが、メバルに比べるとその確率は非常に低いといえます。

これは2章「アジ編」で説明しましたが、私はプランクトンを主食として大きな群れを成す魚の特徴の1つだと思っています。群れの規模が大きければ大きいほど大規模な食堂が必要であり、一斉の号令の元、同じ食事を同じ時間に始めて一斉に終わらせる必要が、物理的必然として生じるからです。したがってソコは個の論理やリズムは通用しない世界でもあります。だから、アジ釣りでは時合の中で変化が少なく、ヒットルアーやヒットメソッドで延々と釣れ続けます。これはヒトの世界に置き換えても同様です。自営業者はそれぞれ任意の時間帯に好きなお店で昼食を摂れますが、大きな工場や軍隊などでは一斉に同じ時間に同じ食事を摂らなければならない構図とあまり変わりはないのです。

「釣り頭」を鍛えるために

さらなる置き換え推理を続けます。

種族の特性に続き、一族家族の特性や個の特性を語ってきましたが、少数グループで活動する魚たちにはさらに別のロジックで個体の差が生じます。そこは自分が生き残るための力業の世界でもあり、持って生まれた力から生じる格差や知恵の世界でもあります。

ヒトの社会であれば、役員や親分は込み合う一般食堂で一律の時間に食事をすることは非常に少ないでしょう。遅い朝食であるブランチをとったり、昼食にしても1時を大きく過ぎて客席がすいた時間帯に、おおむね一番よい場所へ陣取り、旬の高級食材をゆっくり食べます。

この構図を魚に置き換えてみると、釣り歴の長い方なら思い当たる節が続々と出てくるはずです。たとえば河川内でスズキを観察すると、群れは超大型を先頭にして細長いピラミッドを形成し、ピラミッドの底辺になるにしたがってだんだんとサイズは小さくなります。そしてこの先頭にいる親分は真っ先に捕食できる最高のポジションで、なおかつ食にうるさく自分の好みのエサしか食べません。好みではないルアーが通っても知らんぷりです。好みのエサが、自分が食べたいタイミングで食べやすい位置に来ない限り反応しません。しかしピラミッドの底辺に移動するほど難しさはなくなり、時合の間中何を投げてもヒットしたりします。

磯の潮通しがよいところにいるメバルの群れにも同様の構図が見られます。一番大型が先頭のピンに位置取りし、末尾にいくにしたがってサイズは下がっていきます。そして大型の時合は短く、始まりのわずかな時間だけ反応し、あとは後ろに控える中型や小型のヒットが増えます。

また、常夜灯の点る堤防でも似たような現象が起きます。一般的にメバルの活性が一番高まる上げ6分から8分にかけては、レギュラーからまあまあのサイズが連続ヒットします。ところが大ものは、下げに入りソコリ間際のレギュラーサイズの活性がガクッと下がった頃にズドンと来ることが多いのです。

【キーワード】効率を求めるなら「都会」が有利

今度はポイントに対する考え方をヒトの社会構図に置き換えてみます。日本で人口が最も密集する都道府県は東京都であり、市町村でいえば横浜市です。したがって経済効率を求めるならば圧倒的に都会が有利であり、何を行なうにしてもヒット効率や成功の可能性は高くなります。ひいては攻略のための経験値を上げるにしても新しい攻略法を生み出すにしても、さまざまな個性を持つターゲットとの遭遇のチャンスが圧倒的に多い都会が一番有利といえるでしょう。

釣りも全く同じです。「いやいや、ウチらの地域ではそんなに簡単には釣れないから」と仰る御仁をときどき見かけますが、ターゲットとの遭遇確率が低い地域ではそのジャンルの文化は決して栄えることがなく、適切な対処法も生まれてきません。確かに生息数が多い地域では少ない地域に比べれば比較的イージーに結果を得られますが、反面何をやっても食わないという状況にも同じ確率で遭遇します。ココを忘れてはなりません。本場ほど釣れない場面の理由が見えやすいのです。

また釣り人というのは面白いもので、簡単に釣れるときは燃えません。そこで燃えるのは初心者のうちだけで、ベテランになるほど難しい局面でヤル気が出てくるものです。たくさんいるのが分かっているのに釣れない状況に対して、切磋琢磨《せっさたくま》の末に編み出した「あの手この手」を繰り出して攻略に努め、その結果ねらったように釣れると大きな満足を得られるのが釣り人の心情の常ではないでしょうか。

東京湾はメバルの宝庫。シーズンも意外に長く楽しめる

水面直下でシャッドプラグをドリフトさせてヒット。
瀬戸内メバルのシンボッリクな釣れ方

したがって経験値を増やしたければまず都会（本場）へ行くべきです。メバルの都会は広島県をはじめとした瀬戸内や東京湾です。他の地域に比べれば単位面積あたりの生息数が圧倒的です。アジの場合は愛媛県や大分県、佐賀県です。そして実際に、そのジャンルに特化した技術や釣り具のほとんどは、そういった地域から生み出されています。

何事もそうなのですが、本気で1つの技術や文化を習得しようと思うなら本場へ行くべきです。地方の環境では決して知ることの出来ないニュアンスや実態というものが本場にはあるからです。「たかが釣り」ではありますが、「されど釣り」です。あるジャンルのトップにいるアングラーは、大抵その魚種の本場に在住していますが、本場にいながらにして全国各地の効率の低い地方の釣り場にも出向いて腕を磨きます。1つの魚種にハマリ、本気で追い求めようと思うならすべてのロケーションを体験しない限り、本当のことは理解できないのです。

さて、ここまでは置換法（擬人化）を用いることで、ターゲットの性質をより明確にし、攻略の糸口として利用する方法論として書いてきました。もちろんこれは私自身にとっての分かりやすい方法であって、万人に見合う考え方かどうかまでは分かりません。しかし、少なくとも物事の追い求め方として、置換法が有効であることは少しお伝えできたのではないかと思います。

【キーワード】日常の中にヒントを求める

●置換法の達人

私が「釣り頭を作ろう」という表現をするのは、置換法をはじめ、魚と釣りにかかわる発想やヒントを「日常の中から拾い上げる頭を作る」ということです。社会やヒトの行動や生活や芸術や工学、さらには陸上動物の生態や鳥類の生態など、あらゆるところからヒントが得られることを知り、キャッチするアンテナを養うという意味でもあります。

ジャンルによらず名手と呼ばれる方たちと釣りの話をしていると、例外なく話は魚を離れて多岐にわたります。四季の移り変わりとともに変化していく植物相や命の在り方に始まり、地球や生物の進化の過程の話、文化の話までと延々続きます。名手が名手たり得る所以には、この発想の豊かさと自由さを起点にしたボーダーレスな想像力が根底にあるのです。つまり何を見て何を感じても、即座にそれを釣りに変換して考える「釣り頭」を持っているわけです。それも意識してやっているわけではなく、自然にそう考えてしまうレベルにまで達しているということなのです。

こう書くと「そんな難しいことまで考えられない」と思われるかもしれませんが、これは心の癖なのです。何かをきっかけにして（たとえば本書）一度でも釣りに関するヒントを日常の中の「何か」から得ることができれば、次からは自然に考え（感じ）られるようになるものなのです。乾いたコンクリートの上へ流した水のように、一度通り道が出来る（癖が付く）と、次から次へとスムーズに流れ出すあの現象と同じなのです。

私の先輩に面白い釣り人がいました。地元で誰もが名手と称する腕っこきの磯釣りマンですが、この方は常に他人を魚に置き換える癖がありました。

「お前はまるでカサゴやな。目の前に何か落ちてくればとりあえず食いついて来《き》よる簡単なヤツや」「あの人はヒラスズキみたいや。ナギのときにはダラーッとしとるから場を荒れさせせんと真剣モードになってくれん」「あいつはアンコウみたいなヤツで自分からは全く動かんわ。顔のすぐ前にエサ持っていってヒラヒラさせせんと食いつきよらへん」「あの娘はグレやぞ。撒きエサせんと振り向いてもくれん。しかも刺しエサは上等な生アミしか食わんという始末に負えん子や」

などなど、擬人化ならぬヒトを擬魚化して観察し、特徴と対処法をズバリと指摘するのです。どこにいても何を見ても釣りに置き換えて考える生粋の釣り頭の持ち主です。この先輩は某公社の営業部長でした。常に組織の中でトップの成績を上げ続ける有能な営業マンでしたが、取引先の相手をいつも魚に見立てて魚種を特定させ、その特徴から傾向と対策を用いて攻略を成功させているとのこと。まさしく置換法の達人でした。

こうして私自身も多くの先輩たちに囲まれているうちに、徐々に釣り頭が積み重なり、気付いたときには前述の先輩のように、常に自然に物事を釣りと魚に置き換えられるようになっていきました。しかし決して特別に訓練や鍛錬をしたわけではありません。1つのきっかけで1つの結論を見いだすことが出来たらそれが呼び水となり、それがまた次のきっかけを見つけるアンテナとなっていったのでしょう。

●食物連鎖における「観察」の意味とは

私自身そのことにはっきりと気がついた瞬間がありました。それはＮＨＫのドキュメンタリー番組を見ていたときのことです。恐らく釣り頭になる以前の私なら、ただ漫然と面白く見ていただけでしょう。とても釣りに置き換えることは出来なかったはずですし、実際、過去に似たようなドキュメンタリーを見たときにはその発想が浮かびませんでした。つまりいつのまにかアンテナが機能するようになっているのを自覚できたのです。

番組は「アラスカ自然紀行」でした。

とりわけ私が引き込まれたのは、夏、レッドサーモンが大挙して川を遡上し、それを食べるためにたくさんのヒグマ（グリズリー）が河畔に押しかけている場面でした。釣り人ですから川面が赤く染まるほどの大量のサケ遡上シーンに釘付けになるのは当たり前なのですが、ハッとしたのはヒグマがサケを捕らえる方法でした。

カメラはおよそ1㎞程度の流域の中でサケを獲るヒグマの様子を追っていました。上流側は流れのやや速いチャラ瀬が広がり、中流域には堰のような段差と落ち込みがあり、下流域は淵を通り過ぎて大きな岩がゴロゴロしているエリアです。そこに子グマ3頭を連れた母グマ、独り立ちしたばかりの若い雄グマ、充分に成長した精悍な雄グマ、ひときわ大きな体格のエリアのボスである老成した雄グマの4頭がやって来ます。

カメラはまず子連れの母グマにフォーカスします。子グマたちはチャラ瀬でも恐くて流れの中には入れず、足首を濡らす程度で目の前をグングン上るサケに目を輝かせますが、なかなか手を出せません。そこで母グマが少し深い場所まで入り、サケに向かって腕を振り下ろして爪で引っかけようとしますが、効率はそれほどよくありません。何度かのトライの後、母グマは見事にサケを引っかけたかと思うと、振り下ろした腕の勢いのまま浅瀬の砂利の上にサケを放り投げます。すると子グマたちは砂利の上でドタバタと暴れるサケに面食らいながらも何とか押さえつけてかぶりつきます。くわえて殺して持って行かずにあえて放り投げるのは、恐らく子グマに狩りの初歩を学ばせる母の知恵なのでしょう。

カメラは次に雄の若グマへと向かいます。こちらは体格もそこそこで、勇気もある年齢

誰も釣りをしない広島市内の河川にて

で母グマと同様に上流域の膝関節が浸かるくらい（30㎝程度）の流れ、サケが一番通る筋へ果敢に立ち込みます。しかしいかんせん知恵がない。サケの群れに両手を振り下ろして押さえつけようとするだけで、当然サケは獲れません。何度も失敗するうちにキレてしまい、背ビレを出しながら浅瀬を逃げ惑うサケをドタバタと水しぶきを上げて追い回しますがやはり獲れず、最後にはゼエゼエと肩で息をするような様子がとても滑稽でした。

そしてカメラは大人の男へと成長したクマを追います。この雄グマには「潜水士」という通り名が付いていました。なんとこのクマは潜って狩りをするのです。カメラは水中に定点で仕掛けた物と、陸上からの望遠と両方で撮影しています。下流域の、水中に大岩が点在するポイントに陣取った潜水士のポジション取りは実に見事でした。大岩の上流側で岩に寄り添うようにして頭を肩まで水中に入れて息を止め、じっとサケが通るのを待ちます。つまり待ち伏せ型の狩りです。息が切れると顔を上げて深呼吸し、また潜ります。賢いもので、クマが頭を入れているその位置はサケが大岩のスリップストリームを利用し、流れの弱い岩の側をすり抜けて上るコースなのです。

そしてチャンスが訪れます。クマは自分の間合いにサケが通るまで微動だにしません。ワンストロークでグッと顔を出して口が届く距離をサケが通らない限りアクションしないのです。つまり手は使いません。そして間合いにサケが入ったと思うと同時にグワッと顔を突き出してかぶりつきます。何度か捕獲するシーンが映し出されましたが、ナレーションでも一撃必殺と説明されていたように、潜水士は充実した気力と体力と忍耐と読みを裏付けとした、狩りの達人でした。しかし、クマもすごいのですが、この一部始終を撮影したカメラマンもすごい。いったいどれだけ観察したらこのポジションに水中カメラを仕掛けることが出来るのでしょう。動物撮影のプロフェッショナルのすごさと知恵と経験と、それを結果に結びつける情熱に感嘆するほかありませんでした。

さて、最後はボスグマの出番です。このクマの狩りの方法にはとても驚かされると同時に、強者の何たるかと知者の何たるかを同時に見せつけられました。

ボスグマの狩り場は中流域にある堰の下です。つまり堰のせいで流れが狭くなり、サケが上れるコースがいくつかに限定され、そのなかでももっとも遡上密度が高い流れの筋に陣取っているのです。これこそが強者の権利なのです。しかもボスは強いだけではなく、非常に賢くて無駄のない狩りをします。まるで社会構図を上手く利用し、ローリスクハイリターンな事業戦略しか採らない財閥の経営者のようです。

カメラはボスグマの横顔をアップで追います。ボスグマは目の前の堰を、群れを成してバシャバシャと上っていくサケをただのんびりと眺めているだけで、何もする様子もありません。ときおり首を伸ばして岸際の様子に目をやったり、また上っていくサケに目を移したり、とても悠然と構えています。

そして画面は変わり、流れ落ちる水に押されて何尾か上り損ねてずるずると堰から滑り落ちるサケへとカメラはパンします。サケが何度も失敗してはトライするところが映し出されますが、そのうち1尾が失敗して流れからはじき出されて空中を舞うように落ち、なんと下の水面へ突き出た岩にしたたかに魚体を打ち付けて悶絶《もんぜつ》します。するとボスはゆっくりと首を伸ばし、水面で身体を横にして痙攣《けいれん》しているサケをなんなくパクッとくわえ、そのままむしゃむしゃと内臓だけを食べてまたのんびりと堰へ目を移すのです。

さて、どうでしょう皆さん。釣りの話はさておいても、食う側、食われる側の双方向から見ても、何やら人生の教訓めいた話ではないでしょうか。私はこのとき、釣りも仕事も恋愛も生活も、人生において「上手くやる」ということの本質を垣間見た気さえしました。学ばねばならない……考えねばならないと。まず観察が何より一義であり、そこから傾向と対策を練り、無駄なく効率のよい最善の一手を編み出さねばならないのだと。

まあ、私はどうにも勉強や仕事が嫌いで釣りだけが好きな「リアル浜ちゃん」的な傾向が強く、せっかくこういう教訓を得ても経済活動や社会活動にはたいして活かせず、ただひたすら釣りに活かしているだけの釣りキチなのが自身でも残念なところなのですが。潜水士やボスグマ同様、ハンターとしてはそこそこイケていると自負しています（笑）。

ともあれ、釣り頭のアンテナが少しだけ発達しかけていた私は、この経験値の違うそれぞれのクマの狩りを見てすぐにメバルに置き換えることができました。持って生まれた知力や体力で差はあるものの、成長するごとにメバルも経験値が高まり、子供の頃と青年時代と壮年時代と老年時代では、捕食するための知恵やポジションなど摂餌の在り方が全く変わるのはヒトもクマも魚も同じであると。また魚種によっては傾向の差はあるものの、食物連鎖・弱肉強食の摂理の構図は全く同じであると理解したのです。

【キーワード】摂理の原理をあてはめて観察する

前項でこういう経験というか、1つのきっかけを得た私はチャンスあるごとに水族館へ通うようになりました。海洋生物観察の最高の場所です。実はこの原稿を書いているとき、偶然に妻が昔の話をしたので思い出したのです。

「あなたねえ、私最近気がついたのだけど、よく子供を動物園や水族館に連れて行ってくれたよね。最初は子煩悩な人だと思っていたけど、よくよく考えてみたらあなた、自分が動物や魚を観察したかっただけだったのね」

ハイそうです。何ら異論を唱える隙もありません。本当に真剣に観察していました。妻にバレないように(笑)。

余談はともかく、この時代にはよく子供を体のいいダシにしてまで、機会あるごとに水族館へ通い、魚たちの様子を観察しました。とりわけ記憶に残っているのはやはり根魚の生態ですが、特に大阪の海遊館にある「SETO Inland Sea(瀬戸内海)」の水槽です。そりゃそうです、何せ私にとってはマイフィールドを再現したような光景が目の前に広がっているのですから。

まずメバルたちのポジションをつぶさに観察しました。すると実際に現地でスクーバで潜ってみたのとほぼ同様の様子です。小型はかなりの数（100尾以上）で群れて比較的上層付近にかたまっています。縦長の、いわゆるメバル柱と呼ばれる隊列状の並び方です。

この群れはほとんどが15～20㎝で、おそらく同じ親から生まれた兄弟なのでしょうが、面白いのは中でも22～23㎝の体格のよいヤツの位置取りです。この数尾のガタイのよい子たちは、隊列の最前列と最後列に別れて浮いていました。何やら前後で守っているようにも見えます。明かり付き堤防などへメバル釣りに行くとよくある現象ですが、いきなりよいサイズが2尾ほど釣れた後はだんだんサイズが下がります。ひととき小さいのしか釣れないのでリグを少し深いレンジに入れてやるとまたよいサイズが釣れます。ほぼ水族館で見たとおりなのです。

次に水槽の少し宙層に目をやります。大型船のアンカーチェーンのようなものが水中に垂れ下がるように入れてあるのですが、このチェーン周りに寄り添うようにいるメバルはサイズがよいのです。だいたい目見当で25～28㎝のグッドサイズが20尾ほどいるのですが、隊列はなさずに小グループでチェーンの要所要所に2～3尾ずついる状態です。

そして極めつけはいわゆる尺メバルです。最初はあまり大きなメバルは入れてないなと思ったのですが、いましたいました見えにくい場所に。最初の1尾はチェーンの根元付近の裏側にいるのを見つけました。なかなか表側に出てこないのでサイズが分かりにくかったのですが、宙層にいる個体と比べても圧倒的に大きいのです。30㎝をゆうに超えているのは明らかでした。そして次の居場所もなかなかデカメバルらしい場所です。海底に置かれた大岩の下です。あえてそういう岩を選んでいるのだと思うのですが、根元がオーバーハングして隙間があり、その中に数尾いたメバルはすべて尺超えの大型でした。

摂理のとおりです。小ものは密集して群れを成し、ありきたりの場所にたむろします。中型は少数単位でグループを作り、互いが干渉し合わないギリギリの間合いでテリトリーを築いているようです。そして大型はエリアの中でもっとも安全とおぼしき場所に個の縄張りを持ってひっそりと隠れていました。ヒグマの生態を見ていたときも思ったことですが、メバルも知恵と力のある大ものはほぼ単独で縄張りを持っています。大きな身体を維持するためには優秀なエサ場が必要で、それは他者とは分かち合えないのです。そして安全にもっとも気を配り、無駄でうかつな行動は取らないのです。

【キーワード】釣り具は釣り人が作るもの

さて、水族館の話は1つの実例に過ぎず、単に生態にかかわることのみを記しただけです。しかし名手たちの「釣り頭」は多方にアンテナが向けられています。もちろんすべては己の釣りをさらなる高みへと昇華させるためです。そんな名手たちのアンテナの1つに、釣り具の形や素材に関する意識の高さ、自由な発想力があります。それは従来考えてもみなかった形や素材を、自分の仕掛け作りに垣根なく持ち込むためです。

名手たちは常に新素材を研究しています。もうかなり古い手法ですが、素晴らしい発想例の1つとして紹介します。

50年近く前のことですが、仲間で集まって広島から五島列島へ渡り、60㎝を超える大クロダイをフカセ釣りで釣ろうという企画を立てました。現地に着いて釣りを始めると、すぐ近くで地元の釣り人が圧倒的な釣果を上げるのです。驚いてお話を伺うと、なんと我々が付けエサにオキアミを1匹付けしているのに対して、その方は小さな「地アミ」を、何やら数ヵ所に穴の空いた薄い布状の物に包んで縛り、団子状にしてそれにハリを刺して釣っていました。つまり「食わせのエサ」の部分が同時に寄せエサとしての機能を持っているのです。これは勝てるわけがありません。我々は寄せエサをヒシャクで撒いているのに、一方はズバリ、ハリの周りにソレが成されているのですから、これほど的確なことはないわけです。

はたしてその素材の正体は奥様のストッキングでした。私は驚きました。エサ釣りであるのに食わせの部分にナイロン素材のストッキングを使用するなど、常人の発想ではなかなか出てきません。「クロダイがナイロンなんか食うわけがない」という固定観念が潜在意識にあって、自由な発想にブレーキを掛けているからです。

ともあれ、皆さんがよく勘違いされることに「釣り具はメーカーが作るもの」という認識があります。これは間違いです。釣り具は釣り人が作っているのです。決して会社が作っているのではありません。つまり、「皆さんもその釣り人のうちの1人ですよ、釣り具を作る立場にある1人ですよ」と私は言いたいのです。特に歴史の浅いライトゲームなどではどうしても出来合いの工業製品に頼りがちですが、それだけではジャンルとしての発展もなく、個人的にもありきたりな枠内の釣果しか得られないことにつながってしまいます。そこから脱却して、行き着く果てのない釣りロマンを追い続けるには思考が柔軟でなければなりません。そして、その根底を成す武器として必須であるのが釣り頭を持つということなのです。

さて、ここまで読まれて皆さんの頭はどれくらい釣り頭になったでしょうか。

今まではメバリングやアジングなど、ライトゲームにまつわる常識が邪魔をしていませんでしたか。ワームは細長いほうが有利。クリア系が絶対釣れる。リグは軽いほど食いがよい。ラインも細いほうが有利。メバルプラグは小型が有利。カラーはクリアが一番よい。アジングロッドは硬いほうがよい。メバリングロッドのティップは柔らかいほうがよい。ソリッドは曲がる。チューブラーは曲がらない。ソリッドよりチューブラーのほうが感度がよい。ソリッドは乗せる。チューブラーは掛ける……。

これらの情報は間違いではありませんが、単なる一面です。それぞれ真逆なケースだって普通にあるのですが、一面に過ぎないものを正論として信じ込んで「絶対視」することだけは避けてほしいと思うのです。出来合いの製品やこれらの情報は利用するものであり、頼るものではありません。頼るべきは己の釣り頭であるべきなのです。

V

超思考法最終章

本当に頼るべきは道具よりも己自身

釣りは生き物相手の遊びですから、決してこちらの思いどおりにはことが運びません。どんなに素晴らしく見える攻略法であってもそれはヒトが勝手に解釈した推論に過ぎず、数学のように方程式がいつもきっちりと当てはまるような類いのものではありません。当てはまったとしても、相手（魚）が本当に理屈に沿って食いついてきたかどうかは誰にも分かりません。それは釣られた当人（魚）ですら理解できていないはずです。もし魚が話せるとして、そのことを尋ねても、おそらく「ん〜。何となく……」「食べたい気分だったから」「イラッとした」などと言うことでしょう。

つまり、釣りとは生き物が持つ食の本能や攻撃心という「反射」を利用するものだからです。そして反射を利用するにはＴＰＯが最も大事であり、釣り人は効率を上げるためにひたすら場所や時というタイミングを研究するわけです。これが、私が言うところの「釣り頭になる」ということなのです。

私事で大変恐縮ですが、妻に「なぜ私を選んだのか」と質問すると、最初は「優しそうだった」とか「見た目が」とか言っていましたが、20数年経過した最近では「たまたまでしょう」とか「タイミングがよかったのでは？」とのたまいます。はいそうです。私が必死でそのタイミングを図ってねらっていたのは明白な事実なのです。皆さんにもこんな覚えはないでしょうかね？（笑）

何を言いたいのかというと、テクニックとはなんぞやということです。本当にテクニックがあるから結果が出たのかということです。各章でもそのことを何度か持ち出していますが、釣りにおいてテクニックが釣果に直結することは、ほんの数パーセントだと私は思っています。それよりももっと重要なのは相手を知り、状況を把握し、タイミングを計ることでしょう。そしてなおかつ、ゆだねざるを得ないのは運であり出会いです。こればかりは努力したからといって約束される筋合いのものではありません。だって相手は生き物なのですから。ボーリングのボールを、叩き上げたテクニックで何度やってもきれいにスパッツの上に正しい回転で落とせるものとは全く違う類いなのです。

現代では、釣りの世界にもバストーナメントを筆頭にプロと呼ばれるアングラーがいます。そんな方たちと一緒に釣りをするとよく理解できます。彼らは何も特別なことをしているわけではありません。全くの初心者ならともかく、そういう意味では私たちと何ら変わることはないのです。

ではなぜ彼らがプロたり得るのかといえば、それは「観察力と実行力がずば抜けている」ところだと思います。だから他人を凌《しの》ぐ結果を叩き出せるのです。そして、それは何百回何千回と繰り返したフィールド観察からしか生まれないものでもあります。つまり、一般的に思われているテクニックというのは道具の扱いの技術であり、それはプロとして試合などで効率を上げるための道具の1つとして必須ではあるものの、決して勝つための秘策たり得ない、単なる手段に過ぎない性質のものなのです。

私も立場上、メバリングやアジングのセミナーを要望されることが多くあります。今まで幾度となく壇上に立って説明してきましたが、講義の中で私が熱を持って語った「魚に近づく方法論」などは、皆さん意外に心に留めておられない。セミナー会場に集まる多くの方が求めているのは、

「どんなプラグが一番釣れますか?」「ラインは何ポンドでリーダーの長さは?」「ワインドさせるときのロッドの振り幅は?」「ルアーカラーは何が一番よいですか?」「ロングロッドとショーとロッドの使い分けは?」

といった道具や、道具の扱いに関する質問ばかりです。そこで質問者のレベルを確かめるために、たとえばアカメバルの習性などを逆に質問するとほとんど答えられない。つまりロッドの振り幅はこう、なんてことをいくら一所懸命に教えても全くこの方の役には立たないのです。そこで、「今、何を成すべきか」を簡素に説明すると、大抵の方は微妙に

賑わう明かり付き堤防を避け、対岸の闇堤防での釣果

不満そうな表情を浮かべられる……。

本書をここまで読み進めてこられた貴方は、もうすでにこんな無意味な質問をする気にはならないはずです。「そんなことは状況次第だよ」と思うはずです。

「弘法筆を選ばず」という言葉がありますが、昔の人もこういうことを言いたかったのではないかと思います。それは道具に頼る無意味さを短いセンテンスに集約させたことわざなのでしょう。

【キーワード】上手になることがすべてではない

近年よく考えるのです。「釣りって何だろう」と。父の言葉が改めて浮かび、自身の釣りを見返すことが多くなってきています。

そう考え出すと止めどがないのですが、「なぜ釣りを続けているのか」と自問すれば、「それは楽しいからだよ」と自答します。では何が楽しいのかと問うと、すでに一言では答えられなくなっている自分に気づきます。

父があの日私を呼んで言った「釣りは何を釣るのか分かるか?」という質問は、父自身の自問だったのか……と。

20代の頃、キジハタが釣りたくて一所懸命自分なりに勉強して臨み、何度かの釣行の後に40㎝オーバーを手にした私は膝がわななき、涙が出るほど感動しました。また、初の尺メバルを手にしたときは火が脳天を突き抜けるような感覚を覚えたものです。

では現在ではどうかというと、サイズではほとんど感動しなくなりました。特に尺メバルが出て当たり前の大型ばかりがいる地域の闇磯フィールドで釣っても、うれしくないわけではありませんが特別な感慨はありません。確かに一定以上の経験や勘がないと釣れるものではありませんが、すでに自身の中で釣れるのが当たり前になっている状況下では、それはうれしくないのです。そこへ行けば大抵毎回釣れるわけですから。

だから私は瀬戸内の堤防からメバルを釣ることにこだわっています。そこかしこに明かりが点る島々の美しく静かな海を眺めながら、たとえその1尾が尺に届かなくても、ありきたりの手法と読みでは出せないサイズを出してこその喜びなのです。

そしてあの日の驚きと感動に近いものをふたたび味わうために、自身も誰もやっていないような釣り方にもチャレンジします。仮に、そこでジグヘッドにワームで普通に釣れる魚がたくさんいたとしても、それではすでに自身が楽しくないのです。サイズが小さくても普通にやっては釣れない魚を、知恵を絞ってアプローチして釣る。それが現在の私の「楽しい釣り」であり、ルアーフィッシングが持つ魅力の1つだと思うのです。

昔と違い、現代の釣りにはさまざまな楽しみ方があると思います。単純に数やサイズを競う釣りのほかに、「ノベザオとプラグで釣る」など釣り方を限定して楽しむ方法もありますし、トップゲームのようにルアーの種類を限定して楽しむ方法もあります。

また「釣り道具」の収集も楽しいものです。私も新しいサオやリールやルアーを手にすると釣りに行く前からワクワクしてきますし、「その道具で釣る」という楽しみ方も否定しません。あえて釣りにくい方法で釣るのも、レアな道具を集めるのも、間違いなく釣りの楽しみ方の一環ですから。

本書がどれほど皆さんのお役に立てるものかは分かりませんが、ここでは雑誌等で数々手掛けてきたハウツー原稿や季節ごとの情報原稿とは違い、私が長年続けてきた釣りの本当のエッセンスを初めて原稿にしました。魚もフィールドも痩《や》せゆく一方の現代において、いかに釣りを楽しくするかは自分自身にかかっています。他人の釣果やあふれる情報は、実はほとんど役に立ちません。何事もそうなのでしょうが、正しく知る、正しく行なう、ということは、正しく嗜《たしな》むことができるということに直結します。

貴方の釣りが、貴方にとって人生を豊かにしてくれる大事なツールとなりますように、心から願うものです。

釣りの楽しみは、本人次第で無限大に広がる

著者プロフィール

LEON 加来 匠（かく・たくみ）

広島県広島市在住。瀬戸内海を中心に全国各地で港湾部のルアーターゲットを追いかけ続け、長年培ったノベザオをはじめとしたエサ釣り理論もソルトルアーフィッシングに融合させ、メバリングやアジングシーンを新理論の下メジャーゲームに押し上げ、さらにはよりテクニカルなハードルアーゲームとして確立・伝導するライトゲームの第一人者。「アジング」の命名者としても知られる。『めばる ing アカデミー』『アジ ing アカデミー』『minimaru & Metrarumaru 公式ガイドブック +DVD』はファンの間でバイブル化している。『ライトゲームアカデミー』『アジング・メバリングがある日突然上手くなる』『うさぎ美味しい、かの山』（つり人社）など著書多数。広島植物科学研究所・ペットケア研究主査が本業。

レオン・加来匠オフィシャルブログ「キープキャスティング」http://blog.livedoor.jp/takumikeikoyuya/

加来匠がこだわりのフィッシングギアをプロデュースするＩＮＸ．Label http://www.inxlabel.com/

アジング・メバリング超思考法《ちょうしこうほう》

2017 年 8 月 1 日発行

著　者　LEON 加来　匠
発行者　山根和明
発行所　株式会社つり人社

〒101−8408　東京都千代田区神田神保町１−30−13
TEL 03−3294−0781（営業部）
TEL 03−3294−0766（編集部）
印刷・製本　図書印刷株式会社

乱丁、落丁などありましたらお取り替えいたします。

ISBN978-4-86447-306-4　C2075
つり人社ホームページ　http://tsuribito.co.jp/
つり人オンライン　http://web.tsuribito.co.jp/
釣り人道具店　http://tsuribito-dougu.com/